毛　沢　東

毛沢東

●人と思想

宇野重昭 著

33

CenturyBooks 清水書院

はじめに

現在、中華人民共和国では、いわゆるプロレタリア文化大革命が進行している。このプロレタリア文化大革命の発動には、とまどいをおぼえている人も少なくないであろう。というのは、その進行過程であらわれた毛沢東の姿や劉少奇批判は、どうもそれまで、われわれ日本人のあいだに定着してきた毛沢東のイメージと、多少違うからである。それまでに知られてきた毛沢東のイメージ、それは、エドガー＝スノーという人の書いた『中国の赤い星』に負うところが大きい。そこでは、つぎのように毛沢東の姿が書かれている。

「かれはマルクス主義の哲学にかぎって読書するわけではなく、古代ギリシア人、スピノザ、カント、ゲーテ、ヘーゲル、ルソーはもちろん、ほかの哲学者のものも読んでいた。」

「しかもまた毛沢東は、中国古典のひとかどの学者であり、立派な演説家であり、異常な記憶力と、人なみはずれた集中力とをもつ人物であり、うまざる読書家であり、哲学と歴史の深い研究家であり、個人的な習慣や風采《ふうさい》にはかまわないが、義務的事務には驚くほど細心であり、疲れを知らぬ精力家であり、また天才的な政治的・軍事的戦略家である。」

この本は最初一九三七年にロンドンで出版され、戦後の一九五二年には日本語にも完訳されて、おおぜいの人々に大きな影響を及ぼした。私も学生時代にこの本を読み、多大の感銘を受けたものである。すぐれたマルクス主義の戦術家、中国の伝統を重んずる愛国主義者、スターリンとは違う明るい民衆的政治家、人道主義者、こういった毛沢東のイメージは、一九五〇年代前半に、日本人のあいだに広く定着していった。貝塚茂樹氏の『毛沢東伝』も、このような時代の産物といってもよいであろう。

しかしやがて疑惑がはじまった。中ソ論争、ハンガリー事件、「反右派闘争」、大躍進、そしてプロレタリア文化大革命、そこには、寛容で柔軟な、あの人道主義者毛沢東の姿は見られなくなった。それまで毛沢東や中国革命に情熱を抱いていた人々は混乱した。最近出版された中西功氏の『中国革命と毛沢東思想』は、そういった人々の悩みをあらわしている一例ということができよう。思想と現実との距離、中国革命の現実のきびしさ、そういったものを私は最近の毛沢東の姿からつくづくと感じる。しかし、毛沢東に関する行き過ぎた期待や希望的観測が打破されたことは、よいことである。いまや、われわれは、思いきって自由に、毛沢東に関する客観的事実を考察し、毛沢東思想の可能性を考えることができる。毛沢東のすぐれた面はすぐれた面として、ありのままにとらえることができる。さいわい、一九六〇年代にはいり、毛沢東研究は飛躍的に前進しはじめた。まちがいない資料が発掘され、エドガー＝スノーの本の誤りも是正されるようになった。

すべての偏見や先入感から自由になること、それが、毛沢東を学ぶ場合に、まずたいせつなことである。そうすれば、毛沢東の生涯の足跡は、読む人に、新しい意味をもって迫ることになるであろう。

一九七〇年三月

宇野重昭

毛沢東について

事実からの出発

現在、毛沢東ほどいろいろにいわれている人は、少ないであろう。ある人は毛沢東を不世出の偉大な思想家とほめたたえ、ある人はあくことを知らぬ権力主義者と非難する。また、ある人は毛沢東をすぐれたマルクス主義者と評価し、他方、ある人は中華思想を受け継ぐ民族主義者と考える。さらにある人は毛沢東を人間に不可能な永久革命を志すユートピアンとみなし、ある人は戦略戦術に通じたリアリストと分析する。およそ毛沢東に関しては、いまだ一定の評価は定まらず、その周辺は、なお秘密のベールにつつまれている。しかし、いま私は、性急に結論を出すことは避けたい。私の考えでは、毛沢東は、思想家とか戦術家とか、マルクス主義者とか民族主義者とか、そんなに簡単には定義できない何物かをもっているように思われてならない。なぜなら、毛沢東を論ずることは中国革命を論ずることであり、そしてその中国革命は、そんなに単純なものではないからである。そこには既成の概念だけでは論じきれない何かがある。

最近（一九六五年一月）、『中国の赤い星』の著者として有名なエドガー＝スノーの毛沢東会見記が新聞紙上に伝えられたが、そのなかにつぎのような一節がある。

「夕食の際に毛主席は、彼の弟たちがふたりとも殺されたことを語った。彼の最初の妻も同じく革命の途中で処刑され、息子《むすこ》は朝鮮戦争で戦死しているのである。その彼はいま、死がこれまで自分を避けて通ったのは不思議だと述懐《じゅっかい》するのだった。死ぬ覚悟をしたことは何度もあるが、どういうわけか死ななかった、と。……

しばらく口をつぐんでいた毛主席は彼の振り出しが小学校の教員だったことを知っているだろう、と話しはじめた。

あのころは戦争をすることなど考えもしなかった。共産主義者になろうなどと思ったこともなかった。どちらかといえば、君と同じく民主的な人間だったにすぎない。どんな偶然が重なったあげく、中国共産党の創立を志すようになったのかと、いままでにも時々不思議に思ってきた。物事はとにかく、個々の人間の意志どおりには運んでくれない。重大だったのは、ただ、中国が帝国主義や封建主義、官僚資本主義などによって圧迫されていたということだけだ。それが事実だったのだ……。」

右の言葉《ことば》がどれだけほんとうに毛沢東自身の言葉を伝えているかはわからない。しかし私の考えでは、かなり正確に毛沢東の気持ちを代弁しているように思われる。中国における事実から出発すること、それが毛沢東の人生の第一歩であり、また、毛沢東を解く鍵《かぎ》であるといってもよいであろう。では、中国における事実とはなんであろうか。

リアリストとしての毛沢東

毛沢東の生まれた時代の中国における事実とは、私なりに表現すれば、いつわりの近代とのたたかいであった。いつわりの近代とは何か。それは表面上は近代的なよそおいをこらしながら、その内容は前近代的・半封建的なものがなだれ込んでいるような近代である。たとえば辛亥《しんがい》革命直後の将軍たちは、口には愛国主義・民主主義を唱えながら、実際には外国借款《しゃっかん》をうるために中国の利権を列強に提供し、封建的土地制度の温存をはかった。また国内には当時のアジアにはめずらしい進歩的な憲法(臨時約法《やくほう》)が施行され、議会制度がうち立てられたが、実際には、憲法はしばしば、単なる政争の具とされ、法律一つ施行するにも軍事的実力が必要とされた。しかも当時の列強は、口には自由・平等、博愛と秩序とを唱導しながら、実際には、それぞれの利害から中国の封建的勢力と結びつき、中国の民主的前進をさまたげ、内乱と分裂とを助長した。それは思想的にも軍事的にも恐るべき敵であった。封建軍閥と帝国主義的列強の結合は、力においてまさに圧倒的であった。しかもかれらが、口に民主主義・自由主義を唱えるとき、そのいつわりを明らかにしていくことは現実には非常にむずかしいことであった。それは、ヨーロッパ諸国が経験したことのない、二重苦、三重苦の近代化過程の苦悩ともいうべきものであった。毛沢東や中国革命を論ずるとき、まずこの事実から出発することが、絶対に必要である。

このような事実に直面したとき、それをのりこえるにはどのような方法があったであろうか。とうぜん、そのような事実を実際に否定する力を発見し、これを開拓し、これを結集するよりほかはない。もちろん、このような批判勢力が、なお軍閥や列強の根本的土台を脅かさず、その批判がなお抽象的観念論にとどまっていたならば、いつわりの近代は、ときには物わかりのよい態度もみせ、柔軟な姿勢を示し、ときには話し合いによる譲歩や妥協にも応じたであろう。しかしそれでは近代的中国が生まれてくる可能性はなかった。最低限の民主化を勝ち取り、統一した中国を目ざすためにも、まず、いつわりの近代からその仮面をはぎ取り、現実においてこれを圧倒するよりほかに道は考えられなかった。とうぜん、たたかいは激烈なものとならざるをえない。そして当時の中国にあっては、支配者側がささいなことにもただちに武力を発動してくる以上、これを打破しようとする側も武器をとらざるをえなかった。

毛沢東がまずすぐれた軍事戦術家として姿をあらわしてきたのも、そのためである。軍事的に勝利しない以上、発言権はなかった。毛沢東が現実的な軍事指導者として、あるいは根拠地理論を提起し、あるいはゲリラ戦法をあみ出したことは、よく知られている。その場合、中国に伝統的な孫子の兵法も、有効であるかぎり積極的に取り入れられた。軍事指導者というものは、とにかく目的合理的であり、その意味で科学的なものである。毛沢東も、その例にもれなかった。同時に、当時の中国にあっては、軍事問題と政治問題とが不可分に結びついていた。個々の軍事的勝利を大局的な政治的勝利に結びつけることは非常にたいせつなことであった。軍事的指導者として成長した毛沢東は、政治的にもすぐれた戦略家に発展していった。その場合、レーニン・スターリンの戦略戦術論の大きな影響も見落とすことはできない。

毛沢東が徹底的にリアリストであり、そして、一定の範囲内で、透徹《とうてつ》した合理主義者であったことは、まず確認しておかれるべきことであろう。

しかし、もし毛沢東が、単なる戦略戦術家にすぎず、卑俗な意味でのマキァベリストにすぎないような人物であったならば、かれは中国革命のすぐれた指導者になることはなかったであろう。なぜならば、中国革命は、いつわりの近代と対決するという意味において、また精神革命でもあったからである。

毛沢東における理念

そこでは実力をもって敵を圧倒していく暴力革命とともに、中国における近代のいつわりを明らかにしていく文化革命が必要とされた。五・四文化運動がユニークな役割を果したのも、そのためである。その文化運動にあっては、敵の本質的な前近代性を暴露していくとともに、自己自身における前近代性をも明らかにし、自己批判していく積極性が要求された。当時の中国の人が表現した意味での中国独特の倫理性の要求である。そしてその倫理性は、それをささえる理念なしには、貫徹されうるものではなかった。毛沢東もまた、そのような倫理性を、そして理念をもつ人であった。いな、むしろ、毛沢東の特徴は、徹底的なリアリズムとともに、そのリアリズムとそれを導く理念との結びつきにあったといってもよい。それは、理想と現実とが未分化な、あの幼稚な前近代性とは別物であった。徹底的なリアリズム、それは、毛沢東にあっては、すべてのイデオロギー、あえていうならば民族主義もマルクス主義もすべて相対化し、利用し、駆使しようとするほどのリアリズムであった。そして、そのうえでの倫理性であり、理念であった。

では、毛沢東にあって、しばしば転轍《てんてつ》手としてその軌道を決定した理念は、どのようなものとして理解することができるであろうか。ある人は、毛沢東における中国の伝統、とくに朱子学の影響を重視する。また

中国共産党第九回全国代表大会（1969.4）

ある人は、それがさらに五・四文化期の新カント派の影響によって再結晶していった過程を論ずる。さらにある人は、その毛沢東に、マルクス主義が衝撃的効果を及ぼしたことを主張する。いずれにせよ、本書では、この毛沢東における理念の成長過程を、中国革命の現実の発展とのかかわりあいにおいて、具体的に追跡していきたい。毛沢東は最初から偉大な天才だったわけではない。幼稚な時代もあれば、迷いの連続もあった。たいせつなことは、そのような成長過程を、事実に即して具体的に追っていくことである。

残される問題点

しかし、事実に即してその成長過程を追うということは、口でいうのはやさしいが、実際には非常にむずかしいことである。第一に毛沢東は、現在まだ歴史的評価の定まっていない人であり、かつ、その言動は、政治的に重大な意味をもっている。また、毛沢東の演説・論文にしても、未発表のものがあまりにも多い。『毛澤東選集』などは、まさに氷山の一角にすぎない。おまけに発表されるときには、発表される時期の政治的状況に合わせて、おおはばに手が加えられていることが多い。さきの『毛澤東選集』所収のものにしても、重大な字句や表現が修正されていて、これをそのまま歴史的文書として用いることは、はなはだ危険である。私としては、中国研究を志す友人たちとの共同研究を背景として、できるかぎり発表された当時の原文にあたるよう努力してみたが、まだまだ不十分であることを痛感せざるをえない。

第二に、毛沢東の思想内容は、生涯にわたって変化しつづけたことである。毛沢東の特徴の一つは、そのダイナミックな変化の連続にあるともいえる。したがって、現段階では、毛沢東の思想を結論的に総括することは困難である。本書が、生涯編と思想編にはっきり分けられていない原因の一つは、そのためである。私の考えでは、むしろ波瀾《はらん》に満ちた毛沢東の生涯とジグザグに展開しつづける中国革命の展開を有機的に組み合わせることによって、読者自身が、毛沢東におけるいろいろな可能性を読みとられることを期待したい。その意味で、本書は、まずできるかぎり正確な事実を(少なくとも正確な事実として伝えられているものを)、忠実に追っていくことに心を配った。若い世代の人々が、中国革命から新しい可能性を引き出し、毛沢東から毛沢東をこえた新しい思想を汲《く》みあげていくために、本書がささやかなたたき台の一つとなることを念願している。

目次

毛沢東の生涯と思想

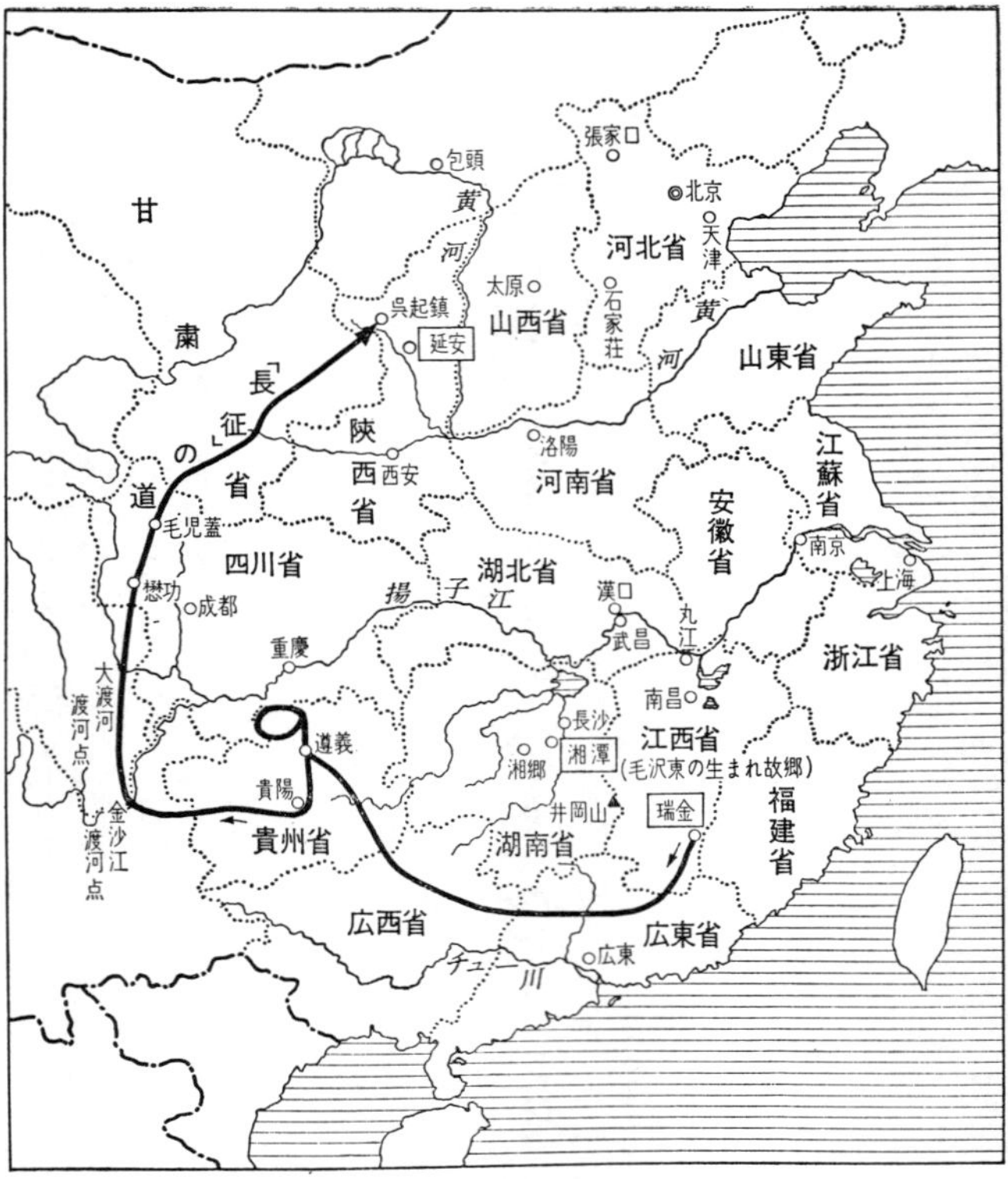

甘
粛
省
包頭
黄
河
張家口
北京
天津
河北省
太原
石家荘
山西省
呉起鎮
延安
黄
河
山東省
「長征」の道
陝
西
省
西安
洛陽
河南省
江蘇省
安徽省
毛児蓋
四川省
懋功
成都
湖北省
揚子江
漢口
武昌
南京
上海
九江
浙江省
重慶
大渡河
渡河点
南昌
長沙
遵義
江西省
湘郷
湘潭
(毛沢東の生まれ故郷)
貴陽
井岡山
瑞金
福建省
金沙江
渡河点
貴州省
湖南省
広西省
広東省
広東
チュー川

中国要図

毛沢東の生涯と思想

困難な時代

――毛沢東のおいたち――

毛沢東の生家

毛沢東は、一八九三年一二月二六日(光緒《こうしょ》一九年一一月一九日)、湖南《フーナン》省湘潭《シャンタン》県韶山《シャオシャン》村に生まれた。湘潭といえば、わが国の奄美《あまみ》大島と同じぐらいの緯度にあり、洞庭《トンチン》湖の南、湘《シャン》江《チャン》のほとりの小さな商業都市として栄えていた。毛沢東の故郷韶山は、その湘潭から二八マイル(約四五キロメートル)ばかり離れた米作地帯にあり、封建的な社会制度は強力なものの、まずは豊かな農村といってよいような標準的な華中の村であった。

毛沢東が生まれたとき、父の毛順生《じゅんせい》は二三歳、母の文其美《ぶんきび》(名まえは不確実)は二六歳であった。毛沢東の性格を考えるとき、まずこの両親の影響を見落とすわけにはいかない。

父の毛順生は、勤勉で素朴《そぼく》な農民であったが、同時に自信が強く、抜けめのない商人でもあった。もともとは貧農的な状況にあったといわれるが、つもりつもった借金を返すために兵士となり、一年のあいだにかなりの給料をためた。当時中国では、「良い鉄は釘《くぎ》にならない、良い人は兵にならない」といわれたほど兵士というのはいやがられた職業であったが、そのかわり給料はかなりよいことが多かった。もっとも、その兵士の大部分は、食いつめものや無頼漢《ぶらいかん》が多く、酒やバクチで給料をすっかり使ってしまうことが、ふつうだったようである。こういったなかで、とにかく給料をためこみ、必要なだけためるとさっさと兵士をやめてしまったことから考えると、毛順生という人間は、かなり意志の強い人物だったように思われる。帰郷すると毛順生は、借金を返したのち、ささやかな米とブタの仲買いをはじめた。そうして金がたまると、まず一町歩(約一ヘクタール)ほどの土地を手に入れた(昔失ったものを買いもどしたという説もある)。かれは農夫として勤勉で、やがて土地を広げ、さらに四、五反(約五〇アール)ほどの土地を買い加えた。全部合わせると、中国式にいうと二二華畝《ムー》、現在の表示法でいうと約一五〇アールである。これだけ土地が広くなると、

毛沢東の生家

毛順生はひとりでは耕しきれなくなり、作男をひとり雇い、さらに臨時の雇農ひとりを使った。自分でも働くが、同時に他人の労働力も利用する、こういったタイプの農民を富農といい、のちに中国の土地革命にあって温存すべきか打倒すべきか微妙な問題となった農民層である。ここまで土地がふえると、頭の働く毛順生はそれ以上土地をふやそうとはせず、あまったお金はすべて米の仲買い・ブローカー・高利貸しのような仕事に向けていった。ある資料によると、こうしてたくわえられたお金は二〇〇〇〜三〇〇〇

〇元に達したといわれる。当時の中国にあっては、かなりの大金である。それでも毛順生は、中国農民の伝統にしたがって、妻や子供《こども》たちには、ほとんど魚や肉は食べさせなかったようである。

母の文其美《ぶんきび》は、湘潭《シャンタン》の隣の湘郷《シャンシャン》の出身で、小さいながら地主の娘であったといわれる。毛沢東の語るところによれば、この母は、やさしい女性で、寛大で情け深く、いつも貧乏人を憐《あわれ》み、かれらが飢饉《ききん》のあいだに米を乞《こ》いにくればこれをやり、しばしば夫の毛順生と食い違いを示したようである。また仏教の信仰もあつく、伝統的な道徳観念をしっかりと身につけていた。毛沢東はどうも父より、この母の方がずっと好きだったらしく、エドガー＝スノーに語ったときにも、父と母とを対照的にえがいている。とうぜん毛沢東にも、この母の影響が少なくなかったものと考えられよう。

毛沢東の兄弟としては、ふたりの弟が知られている。ふたりとも、のちに共産主義者になった人々である。ひとりは、一八九五年（または一八九六年）生まれの毛沢民《たくみん》で、早くから中国共産党に入党したが、一九四三年に保守派の手にかかって処刑された。もうひとりは、一九〇五年生まれの毛沢覃《たくたん》で、同じく一九三四年に革命戦争の最中、江西省《チャンシー》で戦死した。このほか、妹あるいは義妹といわれる人々の名が種々の資料に散見されるが、正確にはわからない。多くの資料は、一九二九年にこの妹が殺害されたという点で一致している。

また、ふたりめの弟が生まれるまで、祖父が生きて同居していたようであるが、その人物像はほとんど知られていない。いずれにせよ五、六人の家族だったわけで、当時の中国としてはめずらしい小家族であった。

父との"たたかい"

毛沢東は、六歳のころから、野良《のら》仕事をはじめさせられた。今日の日本人的な目からみると早すぎるようであるが、当時の中国農村においては別にめずらしいことではなかった。

学校に行くようになったのは八歳のときからのことである。もっとも、学校といっても小さな村の私塾にすぎず、先生には、学問はあるが官吏に「出世」することができず、村にくすぶっているような人物が多かった。もちろん、頭はかたい保守主義者である。村の農民は、富農層以上になると若干月謝を払って、子供に読み書き・そろばんを習わせるぐらいのゆとりが出てくる。毛順生も、そのような富農的レベルにのし上がってきていたわけである。学校に行かせるということは、もちろん学問や真理を学ばせるためではない。目的はどこまでも功利主義的なものであって、父親の助手として役に立つためであった。

この私塾に、毛沢東は、一三歳のときまで五年間学んだ。学んだものは『論語』や『孟子《もうし》』などであって、ほかの塾と同じように、やり方はまる暗記方式であった。もっとも、目的が文字の読み書きを覚えることにあった以上、内容はどうでもよかったのかもしれない。だから毛沢東は、新しい文字の世界が開かれてくると、おもしろくない「経書」よりも、好んで『西遊記《さいゆうき》』や『水滸伝《すいこでん》』『三国志演義《さんごくしえんぎ》』などのいわゆる通俗小説・講談本を読みふけり、このほうがよほど幼いときの毛沢東の精神的糧《かて》となったようである。もっとも、「経書」の内容もこなさなかったわけではなく、父親が毛沢東を親不孝でなまけ者だとしかると、毛沢東は、年長者は親切で、情け深くなければならないという「経書」の文句をあげ、さらに、年とった者は、若い者よりよけいに仕事をしなくてはならない、父は三倍も年をとっているから、もっと仕事をしなくてはならないと反駁《はんばく》したようである。「経書」を学んだことも、まるでむだだったわけではなく、「活学活用」されている。

この父は、自分ひとりの力で富農にのし上がり、事業に成功していただけあって、自信は強く、かなり高圧的だったようである。毛沢東が少し文字を覚えると、すぐ一家の帳簿をつけさせたり、手紙を書かせたりし、そのような仕事のないときには野良仕事を強制した。また、塾の先生も同じであるが、いうことをきかないとすぐ子供をなぐりつけた。こういった〝暴君〟にたいする毛沢東の抵抗は、もっぱら退却によるおどかしだったようで、たとえば、三日間も家出して家の人を驚かせたため、その後、父親が少し温和になったり、あるいは、池に飛び込むとおどかしたため、父がもうなぐらないと約束せざるをえなくなったりした話を、毛自身、スノーに語っている。もっとも、こういった話は冗談半分に話したものであろうから、どこまで本当の話かはわからない。いわんや、こういった話をもってすぐに毛沢東は子供のときから親不孝だったときめつけるにはあたらない。また、厳格《げんかく》・過酷《かこく》な父親と、温和・慈悲《じひ》深い母親との対照をもって、毛沢東の性格形成上における〝異常性〟を論ずる人もあるが、家庭における父と母とのこういった役割分担はアジアの伝統にあってはごくあたりまえのことであって、とりたてて問題にする必要もないであろう。むしろ少年時代の毛沢東は、中国農民層出身者として典型的な環境に育ったのであり、その中国的な平凡さに力点をおいて考えるほうが妥当であるように思われる。

開けゆく世界

一三歳のとき、毛沢東は塾をやめて家の仕事にもどった。いちおう読み書きができるようになった以上、富農程度の家では、それより高等な勉強をする必要は認められなかったのであろう。また、家の仕事が忙しくなっていたという事情もあったようである。とにかく毛沢東は、昼は一人前に野良仕事をやり、夜は父のために帳簿づけをやった。そのかわり、母や弟たちと違い、毎月の一日と一五日には卵・魚・小量の肉などを食べることができるようになった。一人前の働き手として、家庭内における毛沢東の地位が向上したわけである。

しかし、文字の世界に目を開かれた毛沢東は、その後も夜おそく、父に燈《あかり》が見つからないように気をつけながら、読書をつづけた。功利主義的な父は、実用的な学問以外には、読書の価値を認めていなかったからである。鄭観応《ていかんおう》の『盛世危言《せいせいきげん》』という新しい思想の本を手にしたのは、こういった時期のことであった。この鄭観応という人は、当時、革命派として有名になってきた孫文の同郷の先輩《せんぱい》で、この本は、日清戦争直前に書かれた欧米紹介の本であり、また、ある程度国を憂えた書でもあった。この本のなかで鄭観応は、中国にどういう弱点があるかを論じ、欧米の鉄道・電話・電信・汽船や、また、議会制や新聞発行の意義を紹介していた。それまで外国のことをほとんど知る機会のなかった毛沢東少年にとっては、新鮮な魅力《みりょく》であったに違いない。たぶん、この本を読んだ刺激も手伝って、毛沢東はさらに新しい知識や新しい思想を求めた。あまりはっきりした人物ではないが、そのころ韶山《シャオシャン》に毛一族ただひとりの秀才(科挙第一段階の合格者)であった毛麓鐘《ろくしょう》という人がおり、毛沢東に時局を論じた種々の文書を読ませた。また毛沢東は、スノーに、失業中の法律学生の家に行き、そこで半年のあいだ勉強したとも語っている。いずれにせよ毛沢東は、この時代の最先端の一つといわれた梁啓超《りょうけいちょう》の『新民叢報《しんみんそうほう》』にも、この前後にふれているようである。

清末の湖南省

こうして湖南の片田舎《いなか》の少年が、時代の最先端の本にふれたということは、あるいは不思議に思う人があるかもしれない。ここで当時の湖南《フーナン》省とその時代を説明しておく必要があろう。

湖南省というのは、一見奥地にあるように思われがちであるが、実際には首都北京《ペキン》と伝統的開港場広東《カントン》を結ぶ交通の要衝にあり、さまざまの新しい思想と商品とが、たえず交流していた。よく知られているように、清朝下の中国は、一八六〇年代以降、欧米の武器・軍事技術などを積極的に取り込む洋務運動を開始したが、その中心となったのがこの湖南省湖郷《シャンシャン》出身の曽国藩《そうこくはん》である。この洋務運動は、日本の明治維新と異なり、ただ軍事および経済の一部を近代化しようとしただけの、改革運動としてははなはだ不徹底なものであったが、一八九〇年代にはいると、日清戦争の敗北という手痛い教訓もあって、法律・社会・政治の全面的改革を指向する変法運動も起こってきた。その中心人物であったのが康有為《こうゆうい》であり梁啓超であったが、この梁啓超《りょうけいちょう》は、一八九七年から九八年にかけて、招かれて湖南《フーナン》時務学堂の教頭となり、湖南の青年に少なからぬ影響を及ぼしている。しかし保守的な当時の清朝朝廷は、どうしても変法運動を受け入れようとはしなかった。立憲君主主義を唱え、皇帝光緒帝を擁して、上からの変法改革を実現しようとした康有為《こうゆうい》は、西太《せいたい》后《こう》に象徴される清朝内の保守勢力の反撃を受け、結局国外に逃亡した。いわゆる戊戌《ぼじゅつ》の政変である。この政変のとき、のがれるチャンスはありながら、革命の将来のためにみずから逮捕・処刑の道を選んだ譚嗣同《たんしどう》も、同じく湖南《フーナン》省瀏陽《リウヤン》の人であり、五・四運動期には、康有為・梁啓超以上の影響力を、湖南をはじめ各地の青年に及ぼした。この戊戌の政変後、改革を志す人々は清朝に絶望し、清朝打倒による共和制民主中国の建設を目ざすが、こういった新しい革命派のなかには、孫文と並び称せられた湖南出身の黄興《こうこう》、宗教仁《そうきょうじん》らがいた。とくに黄興は、早くから長沙《チャンシャー》に新しい思想と学問を教える新式学校を建設し、革命の後進の指導にあたっていた。こういった事情から、毛沢東が、比較的早くから新しい時代の風潮にふれることができた理由の一端を知ることができるであろう。事実、少年毛沢東は、私塾に通っていたころから、新しい近代的な学校が霊廟敷地内に建設され、いままで崇拝の対象であった像などが破壊されたり、板囲いされたりするのを奇異の感で見守った経験をもっている。

しかも新しい事実を知れば知るほど、毛沢東は、中国が危機的状況にあることを知っていった。当時、中国は、日清戦争における敗北を契機として、列強の共同植民地に転落しつつあり、一八九八年には、ドイツ・ロシア・イギリス・フランスなどが、それぞれ、膠州湾《チャオチョウ》・遼東《リャオトン》半島・威海衛《ウェイハイウェイ》・広州湾《コワンチョウ》などを強引に租借し、いわゆる中国領土内における外国領土を形成しつつあった。また、一九〇〇年の義和団事件は、無組織な排外暴動として終始したため、かえって列強の乗ずるところとなり、首都北京には外国軍が進駐し、巨額の賠償《ばいしょう》金は清朝による改良主義政策さえ不可能にしていた。このころ毛沢東は、中国の解体の危険性を警告した小冊子に接しているが、その冒頭《ぼうとう》に、「ああ、中国はまさに亡《ほろ》びんとす」という一句があったことを、後年になっても鮮明に記憶している。幼稚ではあったが、毛沢東におけるナショナリズムは、こうして中国の危機の時代にあって、その芽をもちはじめたのである。

混迷の時期

——少年のころ——

家を離れて

新しい知識を求める毛沢東の心は、しだいに野良仕事から離れていった。とうぜん毛沢東は、村の外に出て行くことを望んだ。このころ父の毛順生は、息子《むすこ》を湘潭《シャンタン》県城の知り合いの米屋に徒弟奉公に行かせることを考えていた。金もうけのために息子の才能をきたえておく必要があったからでもあろう。毛沢東は、最初はそれも悪くないと考えた。しかしそれ以上に、従兄弟《いとこ》から聞いた新式の学校の話のほうが心をひいた。その新式学校というのは、母の故郷の湘郷《シャンシャン》にあり、伝統的な経書の教えよりも、新しい欧米の学問のほうを重視するというのである。ここで毛沢東は、親類の人までを動員して父親を説得した。父親は、新しい学校なるものがどうしても理解できなかったが、とにかく大きく金もうけするための道であると説明されて、しぶしぶ納得《なっとく》した。当時の寄宿料や書籍用品がそれほど安いものではなかったことを考えるならば、父親としてはやはり大英断であったに違いない。

学校は家から二五キロ離れていた。この学校の寄宿舎で、毛沢東は、一五歳から一六歳にかけての一年間を送ることになる。それは毛沢東にとって、はじめての〝外〟の経験であった。

その学校の名まえは、県立東山《トンシャン》高等小学校といった。この高等小学校というと、ふつう初等小学校五年間のあとにつづくものであって、いまの日本の学校制度でいえば中学校の年代にあたる。だから毛沢東は、かなり年をとった小学生だったわけで、級友はみな何歳か年下のものばかりだった。それというのも、高等小学校といえば、ふつう地主階級の子弟の行く所であって、毛沢東のようにある程度野良仕事をやらざるをえない成り上がりの富農の子供の行くところではなかったからである。したがって服装もいちばんみすぼらしかったようで、毛沢東も肩身の狭い思いをしたらしい。年《とし》は上、地主以下の出身、おまけに他郷のものということになると、毛沢東は、みんなの軽蔑《けいべつ》と無視の的になった。「私は精神的に非常に意気阻喪《いきそそう》しました」と、後年毛沢東はスノーに語っている。[1)] それでも若干の友人はできたらしく、とくに蕭瑜《しょうゆ》・蕭子璋《しょうししょう》兄弟は重要であった。この兄弟は、毛沢東とその後までかなり親しくつきあい、それぞれに毛沢東に関する伝記を書いている。もっとも、弟の蕭子璋は共産党員となり、同志といった立場から毛沢東像をえがいているが、兄の蕭瑜のほうは反共論者となり、毛沢東を頑固《がんこ》で強情な人間といった見方から、その一面をえがいている。なお、毛沢東のこの時代の経験を取り上げ、このときから毛沢東は地主を憎むようになったと論ずる人もあるが、そのような感情論で毛沢東を判断することはおかしい。とにかくここでは、地主の子弟にたいして毛沢東が異和感を抱いたことだけを指摘しておけば十分であろう。

学校には、日本の留学から帰ってきた先生もいた。当時の中国では、すべての中国人が、満州王朝の支配

1)　これから一九三六年までの毛沢東に関しては、『中国の赤い星』で毛沢東がスノーに語った回顧談を多く参照することとする。

の下、満州人の風俗であった辮髪《べんぱつ》という女の子のおさげを一本にしたような髪の形を強制されていたが、この中国人が日本に留学すると、変な髪の形というので日本人の笑いものとされた。そこで外国に留学し、近代的知識を身につけた青年たちは、外国にいるあいだにこの辮髪を切ってしまうことが多かったが、しかしいったん帰国してみると、辮髪がないというのは満州王朝にたいする反逆のしるしとされたため、やむをえず、にせの辮髪をつけることが多かった。毛沢東の行った学校の先生も、そのような日本留学生のひとりであった。子供たちは、おそらく子供らしい単純な気持ちから、このにせの辮髪をきらった。しかし、先生が日本の話をするのには関心をよせた。とくに毛沢東は、この先生が、日露戦争に勝利した直後の日本の愛国の歌を教えてくれたとき、日本人の誇りと力の何物かを感じた。日本が日露戦争に勝利したということは、孫文も「三民主義」講演のなかでのべているように、ヨーロッパ諸国におさえつけられてきたアジアの国の人々には、うれしいおとずれであった。それは毛沢東にとっても、例外ではなかったようである。

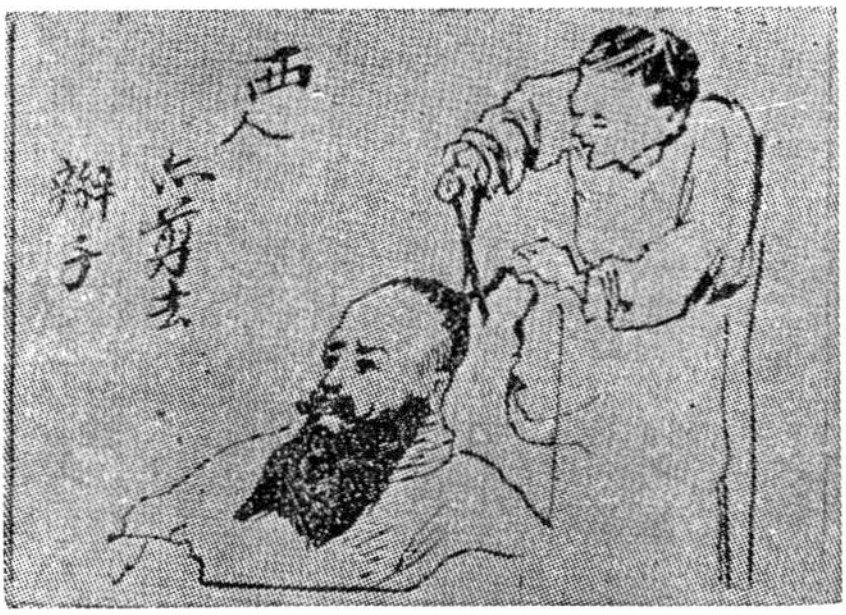

「辮髪切り」の風刺画

こうして毛沢東は、愛国と新しい知識に目ざめていった。康有為《こうゆうい》や梁啓超《りょうけいちょう》の影響も深まってきた。当時はまだ康・梁の変法派は反体制派であって、立憲君主主義という「保皇派」の主張にもかかわらず、現状に不満な中国の若い世代の心をとらえていたのである。梁啓超編集の『新民叢報《そうほう》』を本格的に読んだのも、このころのことであった。もっとも、『新民叢報』といっても、時期遅れのものを、それも一〜二冊読んだ程度にすぎなかったらしいが、それでもこの雑誌が、毛沢東の精神的成長過程にあたえた影響は無視することができない。

学校では、中国に伝統的な国語・作文のほか、外国の地理と歴史、新しい自然科学などが教えられた。毛沢東は、とくに外国の歴史に興味をもったようで、歴史の副産物として外国の偉人伝に夢中になった。『水滸伝』などの英雄・豪傑が、外国の偉人にのりうつっていったわけである。こうして毛沢東は、ワシントン・ナポレオン・ピーター大帝・エカテリナ二世・ウェリントン・グラッドストーン・リンカーンや、あるいは、モンテスキュー・ルソーなどを知った。自然科学は不得手だったようである。

こういったとき、湖南《フーナン》で、毛沢東に大きな影響をあたえた事件が起こった。いわゆる長沙《チャンシャー》の米騒動である。当時湖南は肥沃《ひよく》な穀倉地帯であったが、ちょうど一九〇九年夏から翌年にかけて水害・干害・虫害が起こり、飢えた人々は食を求めて長沙《チャンシャー》などの大都市に流入した。しかし米の省外持ち出しは例年のごとくおこなわれ、加えて悪徳商人の買い占めなどもあって、一九一〇年春の米価は、ふだんの三倍以上にはね上がった。このためついに四月には難民の暴動が起こり、役所の焼きうちから米屋のうちこわしへと騒動は拡大した。この暴動は結局軍隊の出動によって鎮圧され、指導者の多くは首を切られ、かれらの首は将来の「むほん人」にたいする見せしめとして柱にさらされた。この米騒動は、とうぜん各地に波及した。また長沙から帰ってきた商人たちの口によって、長沙《チャンシャー》の事件も伝えられた。毛沢東たち学校の生徒も、この事件をさまざまに論じ合った。生徒たちは、どちらかというとこの「むほん人」に同情的だったようである。とくに毛沢東にとっては、事件は他人事ではなかった。毛沢東の家は富農であるとともに米の仲買人だったからである。米不足が毛沢東の故郷の村にも波及したとき、毛沢東の父は、なお米を城内に運んで金もうけをしようとしていたが、その荷の一つが、貧乏な農民におさえられるという事件も起こった。「かれの激怒は非常なものでした。しかし私はかれに同情しませんでした。同時に私は、村民のやり方も悪いと思いました。」と毛沢東は語っている。『水滸伝』的な発想から「むほん人」の指導者に敬意をはらい、他方、貧しい農民に同情しながらも、毛沢東の現実主義的感覚はかれらの無謀な行動に批判的だったのである。

長沙へ

とかくしているうちに、毛沢東は、湘郷《シャンシャン》の高等小学校にはあきたらなくなってきた。毛沢東は長沙の中学校にはいることを望んだ。作文のよくできる生徒だったので、学校の先生も賛成してくれた。当時の中国ではやはり作文ができるということが優秀な生徒の証明のようなものだったのである。

一九一一年の春、一七歳の毛沢東は、高等小学校の先生の推薦状をもらい、湖南省の省都長沙に向かった。長沙までの距離は六〇キロ、それを毛沢東は船に乗ったり歩いたりして進んでいった。長沙はさすがに大きい都市であった。目あてとする駐《チュー》省湘郷中学に着いたとき、毛沢東は、こんなにりっぱな学校に入れてもらえるかと不安で、びくびくしていた。しかし思ったより簡単に入学を許可された。わずか半年のことであるが、毛沢東はここで新しい知識を身につけることになる。

当時の長沙は革命前夜の空気にみたされていた。義和団事件で手痛い失敗を経験した清朝は、さすがに保守主義の非をさとり、上からの変法的改革を目ざしはじめていた。立憲君主主義を基調とする憲法の草案が起草され、地方議会にあたる諮《し》議《ぎ》局などが開設された。戊戌の政変で否定された新しい政治制度が、一〇年遅れて清朝自身の手によってはじめられたわけである。しかし時期はすでにおそきに失した。立憲君主主義ではなく共和制の樹立を目ざす革命派は、一九〇五年には中国革命同盟会の旗の下に結集し、各地に革命蜂起《ほうき》が企てられつつあった。また、一九〇八年には、光緒帝と西太后があいついでこの世を去り、清朝の威力はさらに低下した。加えて地方の諮議局には、有力な各地方の郷紳《きょうしん》層が進出し、清朝の中央政府に対抗しはじめた。この郷紳層というのは、中国人地主階級のことであって、かれらは地方政治の実権をおさえ、封建的土地制度を温存するとともに、外国の資本主義の進出に対応して、近代的な工場、鉄道などに投資し、いわゆる民族資本家的な側面も帯びるようになりつつあった。このようなとき、清王朝は、なお満州人の権力保持をはかり、一九一一年五月成立の内閣には満州人貴族・皇族を中心にすえ、また、全国の鉄道を中央政府の管理下におさめることをはかり、そのために多額の外国借款《しゃっかん》を仰ごうとするなど、中国人の民族意識を刺激する愚をおかした。このため、長沙《チャンシャー》においても、主として郷紳層や諮議局議員たちによって「湖南鉄道を援助する会」が組織され、反満的な地方自治運動が起こりつつあった。革命派もまた、これらの新勢力と結び、一種の統一戦線を形成していた。満州王朝打倒は、すでに時代の勢いであった。

このようなとき、毛沢東は、駐《チュー》省湘郷《シャンシャン》中学にはいったわけである。とうぜん、ただちに革命派の影響を受けた。そしてはじめて手にした新聞が、上海発行の「民立報」であった。この「民立報」は、当時孫文の有力な部下であった于右任《うゆうじん》の編集したもので、ようやく形を整えはじめた孫文の三民主義や、中国革命同盟会の綱領などを伝えていた。もっともこの時期の毛沢東は、まだ革命派と変法派との区別がつかなかったらしく、あるとき興奮して学校の壁に張り出した一文には、孫文を大統領に、康有為《こうゆうい》を国務総理に、梁啓《りょうけい》超《ちょう》を外交部長に任命すべきことを主張していた。当時の毛沢東にとっては、三民主義の理論や同盟会の綱領よりも、清朝にたいする革命蜂起やその失敗の話に、いっそう心をひかれたようである。また毛沢東が、友人たちと辮髪を切る約束をし、まっさきに切ってその範を示したというのも、このころのことである。いずれにせよ、かなり積極的な青年であったことはまちがいない。そのあと、約束して切らない友人たちの辮髪を切って回ったという。

辛《しん》亥《がい》革命

一九一一年夏、四川《スーチョワン》省の諮議局メンバーたちは、鉄道国有化に反対して反乱を起こした。当時哥老《かろう》会など農民層の秘密結社組織に多くの同志をもつ革命派は、これと提携して立ち上がった。清朝は、ただちにこれを鎮圧しようとしたが、すでにその力はなかった。とくに清朝軍のなかでも、新しい外国の武器によって装備されたいわゆる新軍には反清的空気が強く、むしろ諮議局や革命派に心を

辛亥革命（右端が黎元洪《れいげんこう》）

よせるものが少なくなかった。この新軍の動向が、直接的には清朝の死命を制した。一〇月一〇日、武漢《ウーハン》の新軍は、清朝支配に反対して武装蜂起した。これが辛亥革命の発端である。

辛亥革命の波は、各地に波及し、湖南においても、一〇月二二日武装蜂起が起こった。これらの蜂起にはすべて革命派が先頭に立っており、湖南においても焦達峯《しょうたつほう》・陳作新《ちんさくしん》らの革命党員が湖南軍政府を樹立した。このとき毛沢東は、長沙《チャンシャー》の丘の上から、「漢」とか「大漢民国万歳！」という文字が書かれた白い旗が林立して行くのをながめていたといわれる。

しかし、革命というものは単純なものではなかった。革命派は、貧しい人人を助け、中国をヨーロッパのような民主主義国家にすることを願っていた。しかし諮議局の中心メンバーである郷紳たちは、外国の技術や制度は輸入しても、社会機構や伝統的思想を根本的に変える考えは望まなかった。かれらは単に反清ということで提携していたにすぎない。革命が成功するや、かれらはただちに対立しはじめた。革命派は力弱く、かつ一般的には下の階級の出身者が多かったため、人々の尊敬を受けることが少なかった。また、革命派は、その力の背景となるべき農民暴動と結びつき、これを組織する力も方策ももたなかった。他方、郷紳層は、伝統的に人々の尊敬を集めており、また、その経済力も圧倒的であった。しかも蜂起した新軍の指導者たちは、清朝から分離するやその兵士を養う資金を求め、思想的にも近い郷紳層に接近していった。辛亥革命の成果が、これら郷紳・新軍指導者に奪われていったのも、ある意味ではとうぜんのことだったといえよう。

一〇月末日、湖南においても、革命派出身の都督《ととく》にたいする陰謀がはりめぐらされた。「その後まもなく、私が友人をたずねて行ったとき、私はかれらの死体が街頭にころがっているのを見ました。」と毛沢東はのべている。おそらく当時の毛沢東にあっては、事情はよく呑《の》みこめなかったであろう。湖南軍政府の指導権は、諮議局勢力による新都督、譚延闓《たんえんがい》の手中に帰した。

しかし一九一一年一一月の段階にあっては、なお革命政府軍と清朝軍との戦闘はつづいていた。革命軍は、とにかく革命軍であった。譚延闓は、趙恒惕《ちょうこうてき》将軍の協力を得て、五万の新兵を募った。革命に心をよせる多くの青年たちは、これに応募し、新軍内には独特の学生軍が生み出された。毛沢東もまた応募した。ただし学生軍には加わらず、正規軍に参加したとみずから語っている。

軍隊にはいった毛沢東の目的は、「革命の完成を助ける」ことであった。しかし毛沢東は結局戦闘には参加しなかったようである。というのは、清王朝の依頼を受けて出馬した袁世凱《えんせいがい》は、すでに時勢のなりゆきを見てとり、部分的には革命軍と戦闘をつづけながらも、全体としては妥協・休戦の方向に向かっていた。新軍の指導者の総帥であった袁世凱は、清朝と運命をともにする気はなかったのである。他方、革命軍のなかの郷紳層も、袁世凱を敵とすることを望まなかった。かれらは、一二月、一〇省の都督府代表者連合会を開き、もし袁世凱《えんせいがい》が清朝に反対するならば、かれを新しい共和国の大統領(中国では大総統)に選出してもかまわないということを決議した。同月末には、革命派の総帥孫文が上海《シャンハイ》に帰ってきたが、革命政府内における郷紳、立憲派の勢力は圧倒的であった。翌年二月一五日、孫文は、臨時大総統の地位を袁世凱にゆずり、以後は共和制中国の実質的な建設に全力をあげることに方針を転換した。清帝もまた強制的に退位させられ、政権は袁世凱の掌握するところとなった。この二月、毛沢東も軍隊を去っている。

それにしてもこの短い軍隊生活は、毛沢東にとっては貴重な経験であった。このときの毛沢東は、毎月七元の給料をもらっていたが、食費と水代をあわせても、その半分以下で十分であった。水代というと日本人の目には不思議に思われるかもしれないが、中国にあっては水は貴重品であり、しかも学生という身分の人間は、身を落として自分で城外から水を運ぶわけにはいかず、水行商から買うよりほかに方法がなかったのである。とにかく毛沢東は、半分以上残された給料をもって新聞を買いまくり、いろいろな新聞をむさぼり読んだ。この新聞をよく読むという習慣は、その後の毛沢東にあっても、ずっとつづいたようである。そしてこの習慣から、毛沢東は、中国における複雑な実情を知り、また、さまざまの新しい思想を知った。社会主義とか社会改良主義について、毛沢東が、断片的ながら若干のことを知ることのできたのもこの兵士時代のときのことである。もっとも、当時の中国においては、まだ社会主義ということはほとんど問題とならず、毛沢東もまた、ほかの学生や兵士たちと議論したり手紙を書いたりした程度のものだったと考えられる。

新しい学校を求めて

軍隊をやめて街頭に帰った毛沢東は、しばらく新しく学ぶべき場所を求めて、さまよい歩いた。当時辛亥革命は成功したものの、世の中がどのように発展していくかは、さっぱりわからなかった。とにかく外国の経済や法律などを教える学校が続々と建設され、新聞広告などで若い世代の心をひきつけようと競争していた。毛沢東もそのような広告を読みふけった。

それからさき半年ばかりの毛沢東の行動は、当時の毛沢東の迷いと中国の混迷とを、如実《にょじつ》にえがいている。まず毛沢東は、警察学校の広告を見て、そこに入学の手続きをした。ところがその警察学校の入学試験を受けるまえに、石けん学校の広告が毛沢東の目をとらえた。授業料は不要で、寄宿舎が提供され、おまけに少額の給料をくれるというのである。毛沢東は、ここでも一元の入学料を払った。そうこうしているところに法律学校にはいった友人がやって来て、三年間法律を勉強したら官吏になれる、と法律学校の宣伝を教えた。毛沢東はまた心変わりして、家に手紙を書き、法律家・官吏の輝かしい未来を語るとともに、やはり授業料を送ってくれるよう頼んだ。ところが家からの返事がくるまえに、別の友人が毛沢東に会い、これからは法律よりも経済のほうが重要だと議論し、毛沢東を言い負かしたため、毛沢東は商業学校にもまた一元の入学金を払う羽目《はめ》となってしまった。こういった経過からみても、混迷期の毛沢東の価値基準が、きわめて功利主義的なものにあったことが知られるであろう。

結局、毛沢東が入学したのは、公立高等商業学校であった。それが政府によって経営され、また先生も有能と聞いたからである。ここで毛沢東は手紙を書き、商業専門家としての未来を語ることによって抜けめのない父親を喜ばせた。ところが毛沢東は、この学校にも一か月しかいなかった。大部分の課目が英語で教えられたからである。アルファベットしか知らなかった毛沢東は、たちまち嫌気《いやき》がさし、その月の終わりにはこの学校をやめてしまった。それからの毛沢東は、一時は、あたりまえの正規の普通教育を受けようとしたようである。その証拠には、当時の長沙《チャンシャー》の名門校、省立第一中学を受験している。この第一中学を首席で合格した毛沢東は、それから六か月間この学校に通い、とくに国語の教師などから目をかけられたようである。しかし毛沢東にとっては、第一中学の伝統的な狭いカリキュラムやうるさい規則は気に入らなかったらしく、結局ここも退学している。

こうして毛沢東は、いわゆる学校に通って正規の授業を受けることを断念し、ここで自分自身で勉強を進めることを決意した。こういったあたりに、毛沢東の自主性の強さとその特徴をみることができよう。まず毛沢東は、湘郷《シャンシャン》県の人たちの同郷会館である湘郷会館の貸し部屋《べや》に居を定め、毎日、省立湖南《フーナン》図書館に通うこととした。かれは自分で教育予定表を作り、毎朝図書館が開かれるとすぐにそこに行き、図書館が閉館になるまで本を読みつづけた。こうして読んだ本は、毛沢東のいうところによると、ダーウィンの『種の起源』、アダム=スミスの『国富論』、ハックスレーの『進化と倫理』、ジョン=スチュアート=ミルの『倫理学』、スペンサーの『社会学』、モンテスキューの『法の精神』、ルソーの『民約論』、このほかにギリシア・ローマの神話、歴史、そして世界地理など、はなはだ広範囲にわたっている。どれだけほんとうにその内容をこなせたかどうか疑問はあるものの、一九歳の青年がこれだけの本を自分で読んだということは注目してもよい。ただし、毛沢東の読んだ外国書というのは、すべて厳復《げんふく》など中国の洋務運動の先駆者たちによって訳された翻訳本である。厳復の訳というのは、最近とくにアメリカの研究者などによって分析されているが、いったん厳復の頭の中で消化されたものを伝統的な中国の美しい文章にあらわした独特の翻訳である。こういった翻訳というものは、時としては原文の厳密な論理やニュアンスを失うことが少なくなかったであろう。しかし、その反面、毛沢東にとってはいっそう理解しやすく、いっそうおもしろかったに相違ない。

しかし毛沢東としては、いつまでも好きな勉強をして喜んでいるわけにはいかなかった。というのは、正規の学校に進学しない息子の〝放縦さ〟に腹をたてた父親が、生活のための送金をやめてしまったからである。父の毛順生にとって、このような自学自習方式の勉強が、まったくの金のむだ使いと見えたとしても、不思議はなかったであろう。しかし、この自習時代の勉強が、のちの毛沢東の精神的成長にとって大きな役割を果たしたことは疑いない。

ともあれ毛沢東は、ここではじめて真剣に自分の〝生涯《しょうがい》〟を考えはじめた。そうして、自分が教員にいちばん適していると思い込むことにした。おりから湖南《フーナン》師範学校の広告が、毛沢東の目をひきつけた。授業料はただで、寄宿料も安いというのがとくに気に入った。もちろんそれだけに、入学試験は湖南でも指折りにむずかしい学校であった。毛沢東は手紙で自分の考えを家に伝え、とにかく父の同意を得た。一九一三年春、一九歳になった毛沢東は、湖南の公立第四師範学校の門をくぐった。ここで毛沢東は、その人生においてもっとも影響を受けた先生に出会い、後年の毛沢東思想の原型をつくることになる。

歴史を動かすものを求めて

湖南の師範学校

学校にははいったものの、毛沢東は、すぐには勉強をはじめることができなかった。というのは、学校のある長沙《チャンシャー》の町も、軍閥の混戦にまき込まれていたからである。すでに辛亥革命の成果は、地主・郷紳層、そしてその保護者であり武装的表現である軍閥によって、奪われていた。町には、革命成功、国家統一、民主主義などの言葉があふれていた。しかし現実には、武器だけ近代化した新しい実力者たちが、おのおのの勢力拡張を求めて争っていた。ほんとうに中国の民主主義革命を夢みていた孫文たちは、すでに政府のなかから追い出されていた。

こういった環境は、辛亥革命に兵士として参加したことのある毛沢東の心を傷つけた。力がなければどうしようもないというのが毛沢東の実感であった。正確かどうかはよくわからないが、このころ毛沢東は友人の蕭瑜《しょうゆ》に、つぎのように語ったといわれる。

「もし民衆が弱ければ、かれらが徳を完成したところで、なにもならない。いちばん重要なことは、強いということである。力によって、人は、ほかの人を支配することもできるし、また、ほかの人を支配することによって、人に徳をあたえることもできる。」

詳しい事情はよくわからないが、毛沢東の入学した第四師範は、一九一三年秋、同じ長沙《チャンシャー》の湖南《フーナン》第一師範と合併したといわれる。入学後、半年遅れて、ようやく毛沢東は勉強を再開したわけである。

この第一師範で受けた教育が毛沢東の思想形成過程にどのように大きな影響を及ぼしたかということは、いくら強調しても強調しすぎることはないであろう。一九歳から二四歳という人生の重要な時期を、毛沢東は、この第一師範で過ごした。そしてそれは、毛沢東が受けた、本格的で、また最後の学校教育であった。もちろん師範学校というのは、むしろ中等教育ないし高等教育の初歩的段階に属するもので、けっして最高学府の教育ではなかった。しかし、この第一師範は、これからのべるように、先生にも生徒にも、優秀な人材がそろっていた。また、先生の紹介を通して、『新青年』や『毎周評論』など、おりからまき起こった五・四文化運動の代表的な論文・主張などにふれる機会も少なくなかった。

李《り》大《たい》釗《しょう》

この第一師範が、あるいは教育方針、あるいは校則として掲げていたところのものは、新しい民主主義であり、自覚的な愛国心であった。この校風の下、一時目標を失い、迷いに迷っていた毛沢東も、新たに人生の目標と自己の使命感を再確認したに違いない。それは、小さな現実主義者から大きな現実主義者に飛躍する成長の一過程であ

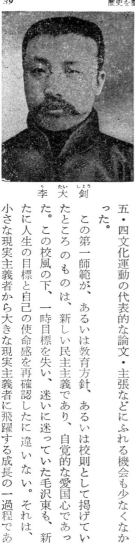

った。

楊昌済《ようしょうさい》先生

この第一師範で、毛沢東の考え方に決定的な影響をあたえたのは、楊昌済先生であった。

楊昌済は、日露戦争前後の日本、第一次世界大戦直前のイギリスに合計九年間も留学してきた新知識人であった。当時は、科挙《かきょ》の試験制度[1]が廃止されて後、外国に留学することが科挙にかわる出世コースとみなされていた。そして、一流が欧米、二流が日本というのが常識であった。したがって、日本とイギリスの両方に留学してきた楊昌済が、まさに出世街道の本命中の本命と考えられたのも、とうぜんであった。その楊昌済が、どうして長沙《チャンシャー》のような地方の都会のそれも一師範学校の先生になっていたのか。おそらく楊昌済は、その使命感と教育理論からいって、まず自分の故郷の湖南《フーナン》で教鞭《きょうべん》をとることを考えたのであろう。そういえば楊昌済が専攻したのは哲学・倫理学であり教育理論であった。それは当時の中国にあっては、いくぶんめずらしいことであった。というのは、急速な近代化に迫られていた二〇世紀初頭の中国にあっては、外国留学といえば、まず軍事学・経済学・法律学、そして自然科学などを学んでくるのがふつうだったからである。その意味でも楊昌済は異例ということができよう。しかも辛亥革命直後の中国にあっては、哲学・倫理学というものはいっそう特別な意味をもっていた。なぜならば、ときの為政者軍閥たちも、中国の近代化、統一を唱え、利用できるかぎり、新しい欧米の実用的学問を取り入れようとしていたからである。

1) 隋の時代に制定され、清末に廃止された官吏登用試験の制度をいう。

すなわち、この軍閥政治を拒否するためには、単なる民主主義、民族主義を唱えているだけでは、だめであった。それではいつわりの民主主義者軍閥と本当の民族民主主義者との区別がつかなかった。辛亥革命直後の孫文が、一時軍閥と区別がつかなくなり、人々から見捨てられたのもそのためである。軍閥政治を真に否定するためには、その思想の根源にさかのぼり、そのいつわりを徹底的に暴露する必要があった。一九一五年からはじまる五・四運動が、まず文化的闘争の形で展開し、政治的にはむしろ無政府主義的傾向を示したのも、当時の中国の歴史的課題との関連で理解されるべきであろう。その意味で、人間の存在、文化の根源を問う哲学・倫理学は、ユニークな役割を果たしていたのである。

　ところでこの楊昌済《ようしょうさい》先生の哲学・倫理学の基本は、なんだったのであろうか。楊昌済が外国で学んだのは、主としてカント・スペンサー・ミルなどであり、みずからも新カント派をもって任じていたようである。事実、楊昌済が毛沢東らを指導するとき用いたテキストは、新カント派に属するフリードリッヒ＝ポールゼンの『倫理学体系』であった。ここで強調されたことは、まず個人の自立、そして自制であった。しかも意志の力、厳格な規律、理想の自己を追求することの重要性などによってそれが強調された。同時に、新カント派の特徴として、社会的責任の意義、社会志向的個人主義が説かれた。楊昌済は、そういった見地から、学問や資格を出世の踏み台とする当時の中国の俗物性や、儒教的人間観のあいまいさを批判し、排撃した。

　この楊昌済の教えは、まだ俗物性が強く、功利主義的であった毛沢東にとっては、新しい経験であった。それまでの毛沢東にとって哲学とかカントとかが異質なものであればあっただけ、新しい教えに心をひかれた。

「大望は哲学と倫理学の研究を通じて、形成されなければならない。このような研究によってのみ、人は真理を理解し、それを人間の行動のいましめとすることができる。人は目的が達成されるまで、真理の追究をやめるべきではない。真理を追究してこそ、大望をもつことができる。真理の理解なき一〇年は、大望なき一〇年である。このような理解なき全人生は、大望なき人生である。」毛沢東は、このような内容の手紙を当時書いている。またポールゼンの『倫理学体系』のテキストの片隅《かたすみ》には、つぎのような書き込みがある。

「われは至高の人間であり、また至卑の人間である。[1]」

こうして毛沢東は楊昌済《ようしょうさい》に傾倒した。毛沢東はスノーにつぎのように語っている。

「私にいちばん強い印象をあたえた先生は楊昌済で、かれはイギリス帰りの留学生でした。後に私はかれの生活と密接に関係するようになりました。かれは倫理学を教え、理想主義者で、道徳性の高い人物でした。かれは自分の倫理学を非常に強く信じ、学生に、正しい・道徳的な・徳性のある・社会に有用な人物になれと、その希望を吹き込もうとしました。」とうぜん毛沢東もすぐれた倫理学の生徒となり、あるとき提出した「心の力」という小論は、楊昌済から一〇〇プラス五点をもらったといわれる。また、毛沢東は、蔡和森《さいわしん》

1) 毛沢東が第一師範在学中に使用したノート・日記・書き抜きなどは量が多く、大きな籠《かご》に入れて韶山《シャオシャン》の家に保存してあった。ところが毛沢東が国民党軍に追及されるようになると、一族の人々が迫害を恐れて、これらのものをみんな焼いてしまった。そのときある人が、一冊のノートとポールゼンのテキストだけを取り出して、しまっておいた。このテキストには一万二〇〇〇字余りの毛沢東自身の書き込みがいたるところにあり、貴重な資料となっている。この資料は、一九五七年李鋭《りえい》という人が紹介して以来、多くの研究者が利用するようになった。李鋭の本については巻末の文献目録参照。

や蕭《しょう》兄弟などとともに、しばしば楊昌済の自宅をたずね、そのピューリタン的な人格に親しく接したといわれる。そうして、当時一五、六歳の女学生だった楊昌済の娘、開慧《かいけい》は、のちに毛沢東の最初の妻となっている。

ところで楊昌済の特徴は、右にのべたようなヨーロッパ的なピューリタニズムだけではなかった。楊昌済は、同時に宋の朱子から清末の譚嗣同《たんしどう》にいたるまでの中国の哲学に通じ、「その粕《かす》の部分を捨てて、その精《せい》華《か》をとる」といったような柔軟性ももっていたといわれる。また、湖南《フーナン》出身の哲学者王夫子《おうふし》の新儒教主義をも理解していた。こういったところに楊昌済が、ヨーロッパの哲学を中国的に再整理して、毛沢東たちに理解させえた原因の一つがあったように思われる。ある意味で楊昌済の哲学は、俗物的な中国の現実主義をきびしくしりぞけるとともに、反面、歴史の現実のなかで自覚した個人が社会的連帯のなかに実践していくことの重要性を強調する積極性をふくんでいたといえよう。楊昌済における新カント派と新儒教主義との接点は、こんなところにあったのかもしれない。

おそらくこの楊昌済の影響を受けて、毛沢東は、その哲学の具体的実践のほうに向かっていった。そして、毛沢東は、それをまず、「体育の研究」というはなはだ毛沢東的な発想からはじめた。

「体育の研究」

毛沢東は、つぎのように当時のことを語っている。

「私たちはまた、熱心な肉体鍛練《たんれん》家でした。冬の休みに私たちは、野外を歩き回り、山に登ったり下《お》りたり、城壁にそったり、川を横切ったりして歩き回りました。雨が降れば、シャツをぬいで雨浴だと称しました。太陽の光が暑いときには、またシャツをぬいで日光浴と称しました。春風が吹くと、これは〝風浴〟という新しいスポーツだと叫びました。私たちは、すでに霜が降りたときに戸外に寝て、一一月でも冷たい川で泳ぎました。すべてこれは、「体育」の名でおこなわれました。」まったく元気いっぱいの鍛練で、当時の毛沢東の姿が目に浮かぶようである。

こうした身体の鍛練は、もちろん若い時代にはたいせつなものであり、とくに将来革命家を志すものにとっては重要なことであった。しかし、ここでわざわざ身体の鍛練を取り上げたのはほかでもない。それは、肉体の訓練の意味以上に、毛沢東にとっては、重要な哲学的・思想的な意味をもっていたからである。

当時、五・四時代の代表的出版物として『新青年』という雑誌が発行されていたことはすでにふれたが、その第三巻の第四号に、二八画生という署名のもと「体育の研究」と題するおもしろい小論文がのっている。これは現在では、現存する毛沢東の最初の論文として有名である。どうして中央の第一流の雑誌に名もない地方の一師範学校の生徒の論文がのせられることになったのかは不明であるが、当時の『新青年』がもっとも進歩的な編集方針をとっていたこと、また楊昌済先生の紹介があったことなどを考えれば、ありえないことではない。この論文は、いかにも若き日の毛沢東の考え方をよくあらわしている。毛沢東は、つぎのように「体育」を説明している。

「人間は動物である。したがって動は非常に重要なことである。人間は理性の動物だから、その動にも道がなければならない。ではなぜこの動がたいせつなのか。なぜこの道にかなった動がたいせつなのか。

動とは生活を営むことだという。しかしこれは浅薄《あさはか》な言葉である。動とは国を守ることだともいう。これは大言壮語の類《たぐい》にはいる。これらは動の本義ではない。動とは、おのれの身体を強め、心を楽しませることにほかならない。

朱子は敬を重んじ、陸子は静を重んじた。………これもあるいは一つの道かもしれない。しかし私にはそれがどんな効果があるか、まだ知らない。私は、天と地のあいだに、ただ動あるのみと考えている。………動のうち、人類に属するもので、規律あるものを体育という。」

論理は単純であるが、論旨《ろんし》はまことに明快である。たしかに毛沢東は、動の人であった。かれは動のなかに人間のあるべき生をみた。そしてその動の中心に、体育をおいたのである。当時中国では、体操とか、身体を動かすことは下品《げひん》なことだと考えられていた。そのことは朱徳《しゅとく》がスメドレーにも語っているとおりである。また毛沢東たちに冷水浴の精神的意義を語った楊昌済も、基本的には静座法的発想の人であった。その意味で毛沢東の主張は、まことに革命的であった。そのダイナミックな発想は、同じ時期に『新青年』などに論陣を張っていた李大釗《りたいしょう》を思わせる。というよりはむしろ毛沢東のほうが、李大釗の論文からその精髄《せいずい》を学びとりつつあったというほうが正確であろう。

したがって毛沢東は、身体の鍛錬になるとともに精神的にも新しい可能性を生み出す試みはどんどん実行していった。一九一六年の夏休みに実行した洞庭《トンチン》湖南辺の無銭旅行は、その一例である。このとき毛沢東は、友人の蕭瑜《しょうゆ》とふたりで、一銭も持たずに出発し、あるいは野宿し、あるいは農家に宿を借りるなどして、五つの県を歩き通した。このときの話は蕭瑜の『毛沢東と私は乞食《こじき》だった』に詳しいが、いかにも毛沢東らしい積極性と意志の強さとを示している。もっともこの意志の強さは、どちらかといえばウェットな蕭瑜には頑固《がんこ》さとうつったらしいが、この意志の強さ、自己統制、内面の重視こそ、毛沢東が楊昌済から教えられたものであり、さらに本来の性格と新しい鍛練とを加えてねりあげたものであった。さきにあげた「体育の研究」のなかで、毛沢東はつぎのようにのべている。

「身体が堅固であるのは鍛練による。鍛練は自覚から生まれる。今日、体育を説く人は、いろいろの方法をあみ出しているが、効果がないのは、人の心を動かすほどの内面の力をもたないからである。体育を効果あるものにしようと思うならば、その主観を動かし、体育についての自覚をもたなければ、だめである。」

この文のなかにあらわれているいわゆる主観的能動性は、初期の毛沢東思想における最大の特徴として、重視すべきであろう。人によってはこの毛沢東の主観的能動性を、マルクスやエンゲルスの「フォイエルバッハ論」に散見される感性的・人間的活動の重視、意識された意図の重視と対比して論ずる人もある。いささか読みとりすぎの感じがしないわけでもないが、おもしろい着眼点ということができよう。

はじめての社会的活動

強固な意志と社会的責任を重視する楊昌済の哲学は、さらに毛沢東を積極的に社会的実践の場に向かわせていった。その一つが夜間講習会の開設である。

この夜間講習会というのは、昼間働いている労働者を集め、第一師範の高学年の生徒たちが、読み書き・

算術・歴史・地理・衛生・時事問題などを教えたものである。毛沢東はそのうち歴史を担当した。それは師範学校の生徒たちが、自分たちの学んできたことを実践にうつすためであった。これを推進した組織は師範学校の学友会教育研究部で、毛沢東は一九一七年六月から一年間、その教育研究部長兼学友会総務を兼任している。指導教授はやはり楊昌済先生であった。

この夜間講習会で毛沢東は貴重な経験を積んだ。まず毛沢東らは、「テキストは支給する。金はとらない。」という募集広告を街頭に張り出した。また、おりから軍閥戦争がつづいて戒厳令状態であったため、警察にもたのんで配布してもらった。しかし申し込み者はたったの九人しかいなかった。そこでも毛沢東はいままでのやり方を反省した。こんどはみんなで手分けして、一軒一軒勧誘して歩くことにした。民衆にたいしては、ただ文字で、ビラを張ったり、印刷物を配ったりするだけでは効果のないものである。こうして毛沢東たちは三日間の宣伝で一二〇人以上の「生徒」を集めたのであった。

毛沢東の関心は、さらに外に向かった。かれは自分で広告を謄写《とうしゃ》印刷し、長沙《チャンシャー》のおもな学校に送った。その内容は、同志を募る広告で、愛国運動に興味があり、「苦難にたえ、決断力があり、国のためにいつでも犠牲《ぎせい》となれる青年」は毛沢東に連絡してきてほしいといった呼びかけである。その封筒には、「どうか人目につく場所に張り出してください」と書いてあったため、女子師範の学校当局はその真意を誤解し、第一師範に問い合わせてきたぐらいだった。毛沢東自身の表現によると、この広告にたいしかれは三つ半の返事を受け取った。半というのは李立三《りりっさん》という名まえの「どっちつかず」の青年からのもので、李は、毛沢東のいうことには耳を傾けたものの、自分からは別にはっきりした提案もせずに行ってしまった。この李立三は、後に中国共産党内で毛沢東の重要な論敵となる。

この広告は結局実を結ばなかったものの、毛沢東の意志はくじけなかった。毛沢東はさらに同志を募った。こうして生まれることになったのが、後々まで重要な意味をもつことになった新民学会である。

新民学会の設立

一九一八年の四月一八日、一三人の青年が長沙《チャンシャー》岳麓《ユエルー》山濼湾《ヨンワン》市にある蔡和森《さいわしん》の家に集まった。かれらは愛国について話し合い、そのために「品性をみがき、学術を研究する」ことを約束した。かれらは「中国青年を強化することにより、中国を強化すること」を考えていたのである。これが新民学会の発足である。「新民」の二字は『大学』の「在新民」、および『書経』のなかの「作新民」からとったといわれる。こういった組織は、長沙だけでなく、中国の各地に生まれていた。周恩来《しゅうおんらい》らが天津《テンチン》でつくった「覚悟社」、惲代英《うんだいえい》らが武漢《ウーハン》で組織した「利群書社」なども、その例である。しかし後に多くの人材を出したという点では、やはり新民学会が第一といってもよいであろう。

学会の総幹事には先輩の蕭瑜《しょうゆ》がなった。かれはすでに師範学校を卒業して小学校の教員となっていた。副総幹事には毛沢東がおされた。かれは事実上、会の生みの親であった。そのほか幹事には、蔡和森《さいわしん》・陳昌《ちんしょう》が選ばれた。蔡和森は、もっとも大きな影響を毛沢東にあたえた上級生で、後に中国共産党初期の理論的指導者となったが、一九三一年、国民党によって処刑された。このほか、初期の学会参加者には、何叔衡《かしゅくこう》・張《ちょう》昆弟《こんてい》・羅学瓚《らがくさん》や女性の向警予《こうけいよ》などの名も見られたが、これらの人々はいずれも革命の途上で殺されている。

かれらは、一、二週間に一回会を開き、学術上の問題や当面する国家の問題などを討議した。この会は、比較的きびしい入会条件を提示していたにもかかわらず、その後会員はしだいに増加し、一年後には総数七、八〇人を数えるまでになった。

はじめての北京へ

このようなとき、かれらに、フランスに行って苦学しながら勉強しようという「留仏勤工倹学運動」の話が伝えられてきた。当時フランスは、フランス革命の起こった国として、特別に青年の心をとらえていた。かれらは、熱心に討議した。その結果、まず蔡和森を北京《ペキン》に送って、フランス行きの可能性を調べさせることにした。一九一八年六月下旬、蔡和森は北京に旅だった。

蔡和森を送り出した後、毛沢東は、一部の友人たちと一緒《いっしょ》に、岳麓《ユエルー》山の湖南大学準備所と称する書院に寝泊まりしながら、蔡和森からの報告を待った。ほぼ同じころ毛沢東たちは第一師範を卒業した。まもなく蔡和森から、北京で勉強しながらフランス行きの準備をする希望のあることを伝えてきた。同時に、さきに北京大学に赴任《ふにん》した楊昌済《ようしょうさい》先生からも、フランス行きをすすめる伝言がおくられた。毛沢東たちの考えはきまった。同じ年の九月、毛沢東たちは、二〇名余のグループをつくって、蔡和森のあとを追った。

北京での経験

北京での生活は楽なものではなかった。毛沢東は、七名の友人とともに、ある民家の小さな一室を借りた。その部屋はまったく狭すぎ、夜、寝返りをうつときには、隣の人に警告を発する必要があった。また、毎月五元ほどの生活費も、自分たちではどうしても工面《くめん》がつかなかった。しかし幸いにして楊昌済先生がよくめんどうをみてくれ、当時北京大学図書館の主任であった李大釗《りたいしょう》に毛沢東を紹介し、月給八元の図書館の助手の職を見つけてくれた。また楊昌済は、毛沢東たちを時々自宅にも招いてくれたので、楊開慧《ようかいけい》の美しい顔もときには見ることができた。

しかしそれにしても図書館の助手という職は、大志をいだく毛沢東にとってあまりおもしろいものではなかったらしい。その地位は、教授や学生よりも、はるかに低いものであった。毛沢東は、郷里にいるときに読んだ一流雑誌の執筆者たちが図書館に出入りするのに胸をときめかせ、ときにはおずおずと話しかけてみたが、有名教授たちは、この湖南なまりの助手に、ほとんど関心をはらおうとはしなかった。また、毛沢東たちは、かってに講義に出席して新知識を吸収しようとしたが、たとえば、胡適《こてき》教授は、毛沢東が質問したとき、かれが正規の学生でないことがわかったので、回答を拒否したといわれる。

こういったなかにあって、毛沢東が一時無政府主義に関心をよせたのも不思議でなかったかもしれない。かれはおりから中国人知識人のあいだに広まりつつあったクロポトキン・バクーニンのものなどを読んだ。自由な自治体の自由な連合の社会の理想は、毛沢東の心をひいた。毛沢東が、「このころ私の思想は自由主義・民主主義的改良主義・空想的社会主義の観念の奇妙な混合物でした」とか「私の気持ちはますます急進的に変わっていきました」などと語っているのは、このころのことといえよう。しかしこういった無政府主義的傾向は、別にめずらしいことではなかった。われわれは、当時の李大剣《りたいしょう》の論文を読むとき、断片的ではあるが、明らかに無政府主義の考え方を読みとることができる。五・四文化運動というものは、政治思想的には、無政府主義的傾向をその重要な一側面としていたのである。

この無政府主義的傾向は、当時つきあった邵飄萍《しょうふうひょう》や朱謙之《しゅけんし》の影響といわれるが、しかし、この段階で、毛沢東にいっそう重要な感化を及ぼしたのは、やはり北京大学教授李大剣であった。李大剣は、陳独秀《ちんどくしゅう》と同じく五・四文化運動期の代表的人物であったが、その気質は陳独秀とはかなり違い、一面思索的であるとともに、一面情熱的であった。かれは歴史の進歩を確信し、二〇世紀の時代の新潮流に、自覚しつづける自己と、生まれ変わらんとする中国を統合していくことを志向していた。それだけに時代の新潮流には、きわめて鋭敏であった。ロシア革命の知らせが伝わってきたときにも、李大剣は、そこに一八世紀のフランス革命にはなかった新しいものを見いだしていった。ロシア革命における民主主義の勝利、人道主義の勝利、労働者の讃歌《さんか》は、李大剣の心をとらえた。こうして一九一八年の一〇月、李大剣が執筆したものが『新青年』に発表された「庶民の勝利」、「ボルシェヴィズムの勝利」である。それは中国知識人として最初にボルシェヴィズム革命を讃《たた》えた重要論文であった。もっともこの論文は、今日の観点から見ると、かならずしもマルクス主義の論文ではない。李大剣の思想も、いまだ、民族主義、初歩的社会主義、無政府主義、人道主義などの混合物である。反面、だからといって李大剣を低く評価することはない。ヨーロッパで生まれた既成の思想体系をあてはめて、これでもない、あれでもないというほうが、もともと無理なのである。ある意味では、このような李大釗《りたいしょう》の思想のほうが、いっそう幅広い可能性をはらんでいたともいえよう。

それはともかく、毛沢東が会ったときの李大釗は、いまのべた二論文を発表したのち、本格的にマルクス主義に関心を向け、『資本論』などを若い仲間とともに研究しはじめていたときの李大釗であった。これは一般には、中国最初のマルクス主義研究会と呼ばれている。李大釗の紹介で北京大学図書館にはいり、李教授の研究室のすぐ隣の部屋にいた毛沢東は、とうぜん李大釗の評判の論文を読んだ。また真実を追究することに熱心な李大釗は、人を身分によって区別せず、毛沢東をも研究会のメンバーに加えてくれた。マルクス主義や『資本論』はよくわからなかったとはいえ(李大釗すらまだわかっていなかったのであるからとうぜんではあるが)、毛沢東としては、北京滞在中、比較的楽しい時間をここで過ごせたものと考えられる。

このほか北京では、毛沢東は、後にかれと中国共産党内で対決することになった張国燾《ちょうこくとう》や、李大釗の片腕として華北の労働運動のすぐれた組織者となった鄧中夏《とうちゅうか》なども知り合った。ふたりとも、当時の北京大学学生であった。

ところで毛沢東が北京に来た主目的であったフランス留学運動は、どうなっていたのであろうか。北京に来てみてはっきりわかったことであったが、フランス留学ということは想像以上にむずかしい問題をたくさんふくんでいた。また、留学生を送り出す準備態勢も未整備であった。このため毛沢東は、多くの仲間のリーダーのひとりとして、ずいぶん苦労したといわれる。とくに資金準備と語学の習得には、たいへんなエネルギーが必要とされた。また、フランスに行ってから働いて生活費を得ることができるように、機械などを動かす技術の習得も必要であった。半年間、毛沢東たちの努力はつづいた。

故郷へ

一九一九年の二月、毛沢東は、蔡和森ほかふたりと、北京から天津《テンチン》を経由して、上海《シャンハイ》へ向かった。途中の旅行は資金の不足する貧しい旅行であったが、上海では必要な資金が準備されていた。ここで毛沢東は、自分はフランスには行かないという意志を最終的に明らかにした。どうして方針を転換したのか、いまのところよくわかっていない。毛沢東自身がスノーに語っているところによれば、「自分の国についてまだ十分に知っていないし、中国に暮らすほうがいっそう有益だと感じた」からということである。はじめて見た北京という新しい世界、毛沢東の知らない中国が、当時の毛沢東の頭のなかにあったのかもしれない。また、毛沢東の愛していた母が重病の床についたという知らせが、かれの心を重くしたのかもしれない。ある学者は、毛沢東が語学が不得意で、フランス語を習得できそうもなかったことが一因だと指摘している。また他の研究者は、すでに毛沢東がこの時代から故郷における根拠地を重視し、具体的には新民学会の活動を重視したためと説明している。

とにかく毛沢東は、三月、湖南《フーナン》に帰った。こうして毛沢東がフランスに行かず、ひたすら中国における現実の革命闘争のなかにまき込まれていったことは、その人生において大きな意味をもつことになる。なお、このとき、フランスに留学した人々は、新民学会から三〇人、湖南省では四〇〇人、全中国では一六〇〇人にのぼったといわれる。

湖南における五・四運動

故郷に帰った毛沢東は、長沙《チャンシャー》の「修業」小学校という名の学校につとめている友人をたずねた。ここでこの友人は、毛沢東にも、この学校に来て歴史を担当することをすすめた。毛沢東としても望むところであった。さっそく毛沢東は、簡単な身のまわりのものをもって、この「修業」小学校に泊まりこんだ。まず最低の食と住とが確保されたわけである。

こういったとき中国に有名な五・四事件が起こった。この事件はいろいろな本でもよく紹介されているし、またここでは紙数にかぎりがあるのでその内容は省略することとして、とにかく、この事件は毛沢東に、はじめての政治的活動を経験する機会をあたえた。

すなわち、このとき毛沢東は、排日デモを経験し、湖南学生連合会を組織し、くわえて、救国十人団という独特の方法を発見したのである。またこれと並行して学生以外の各界の人々を組織する運動を進め、一〇月には、救国十人団を下部機構とする湖南各界連合会を正式に発足させた。

この一種の革命的統一戦線の経験は、毛沢東にとって貴重なものであった。いままで観念的に考えていた二〇世紀の新しい潮《うしお》と目ざめつつある個人の連帯の連関性が、ナショナリズム運動というものを通して、目ざめゆく民衆の力として具象化した。毛沢東は、この七月から、啓蒙宣伝のため、湖南学生連合会の機関紙として「湘江《シャンチャン》評論」という新聞を発行しはじめていたが、その第二号から第四号にかけて、つぎのような

「民衆の大連合」論を展開した。

「現在世界の革命潮流は、いかなる力をもってしてもさえぎることはできない。世界でもっとも強大な力は全民衆の連合した力である。民衆は連合して自己の徹底的解放のために強権支配とたたかわねばならない。」

五・四事件
天安門前を行進する学生たち

まえに説明した李鋭《りえい》は、この毛沢東の主張を紹介したのち、「毛沢東同志は、歴史上の改革運動あるいは抵抗運動というものは、宗教的学術的なものから政治的社会的なものにいたるまで、敵味方ともにかならず大連合を必要としたし、そして、その勝敗は、その連合の強さによって決定されたとみていた」と解説している。われわれの感覚からみると、「宗教的学術的」なものも「政治的社会的」なものもごっちゃまぜにして論じているのは若干変な気がするかもしれないが、この解説は、毛沢東の特徴をよくとらえ、いいえて妙なものがある。というのは、いままでくりかえして説明してきたように、毛沢東の考え方は、元来功利主義的ともいえる現実主義であった。それが師範学校において楊昌済の理念論の衝撃を受け、個々人の自覚の発展方向に歴史の流れ、真理の展開を志向する世界観によって軌道がつけられることになった。そしてそこでは、正しいものは新しいものであり、新しいものは力において勝利していくべきものであった。その真理と力を、毛沢東は、五・四事件におけるナショナリズム運動に、そしてさらにより具体的に、民衆の大連合に見いだしていったわけである。

地方軍閥とのたたかい

この「湘江《シャンチャン》評論」は、よく売れた。また毛沢東の「民衆の大連合」論は、「湘江評論」が手本とした中央の『毎周評論』にも転載された。発行部数も五〇〇〇部に達した。

しかし革命運動というものは、そんなに甘いものではなかった。まだ毛沢東の運動が、基本的には民族主義運動の段階にとどまっていたにもかかわらず、早くも地方軍閥の弾圧の手がのびはじめた。当時湖南省では、段祺瑞《だんきずい》の安福クラブ系に属する張敬堯《ちょうけいぎょう》が、省長と督軍とを兼任していた。かれは典型的な封建軍閥で、自分の身内を各部署の司令とし、強奪的ともいえる課税を徴集し、加えて、日本との銅取り引きによっておもうけをしていた。したがって、張敬堯は、民族民主主義の時代の風潮に逆らうことの不利はさとっていたものの、やはり毛沢東たちの運動にはがまんができなかった。八月、「湘江評論」は、第五号で発行禁止となった。そこで毛沢東は、「新湖南」という別の学生組織の機関紙の編集を引き受けることになった。ところが「新湖南」も、たった三回発行できただけで、たちまち発行禁止となってしまった。いままでしばしば軍閥の横暴に悩まされてきた毛沢東は、ここで新しく軍閥にたいする怒りをもやした。しかし軍閥の力は強く、民衆の力もまだ不明であった。しかも湖南学生連合会は、夏休みで学生の多くが帰郷しているすきをねらわれ、解散させられてしまった。毛沢東としては、時期を待つよりしかたがなかった。この年の秋の毛沢東は、みずから新聞を編集することはあきらめて、主として長沙《チャンシャー》「大公報」という長沙の代表的新聞に寄稿している。そしてこの秋、毛沢東が主として力を注いだのは婦人解放問題であった。というのは、このとき、無理に嫁に行かせられようとした花嫁が、途中の椅子《いす》かごのなかで自殺するという事件が起こったからである。毛沢東自身としても、一四歳のとき、六つも年上の女性と無理に結婚させられている。もちろん毛沢東は、この女性との同居を拒否し、終始彼女が妻であることを認めないできたが、おそらく毛沢東としては、その後のかれの「妻」の暗い運命を思いやって、暗然とした気持ちにでもなっていたのであろう。またこの花嫁自殺事件の直前には、しばらく病の床にあった母が五二歳でこの世を去っている。毛沢東は、この好きだった母のうえに、中国の女性のみじめな一生を思い浮かべていたのでもあろう。したがって、毛沢東が、この花嫁自殺事件に関し、かなりの数の婦人解放論と社会改革論を長沙「大公報」紙上に発表した気持ちも、よくわかるような気がする。

軍閥の兵隊
北方の軍閥の募兵に応ずるために集まってきた失業者・流浪民・無頼漢たち

とかくしているうちに、張敬堯《ちょうけいぎょう》批判の気運も若干、盛り上がり、一一月には湖南学生連合会も再組織された。ここで毛沢東たちは、一二月二日、日本商品を焼く大衆集会を開催した。そしてこれが張敬堯に弾圧されると、一万余りの反対・抗議の署名を集め、また部分的ストライキをもって反抗した。しかし張敬堯の武力の前には、毛沢東たちはあまりに弱体であった。張敬堯反対運動を力あるものにするためには、どうしても既成の力に依存するよりほかはなかった。そこで毛沢東たちは、張敬堯が段祺瑞《だんきずい》系であり、かつ湖南省外の人間であることに着目し、段派に反対する軍閥や湖南系の有力政治家に働きかけることを考えた。その場合理念論のほうはどうなったのかよくわからないが、とにかく、いかにも毛沢東らしい現実主義ということができよう。

一二月一八日、毛沢東は請願団を率いて、北京に到着した。他方、同志の何叔衡《かしゅくこう》らは、安福クラブに対立する直隷《ちょくれい》派の呉佩孚《ごはいふ》の協力を求めて衡陽《ホンヤン》に向かった。ある意味では、長沙を追われたというほうが事実に近いかもしれない。

マルクス主義との出会い

北京に到着した毛沢東は、北倉街にあったラマ寺院の南側にある家の小さな一室に起居しながら、湖南出身の有力者のところを請願して回った。旧友の鄧中夏《とうちゅうか》とも再会した。しかし北京における生活は貧しく、かつ苦しかった。とくに、このとき毛沢東が長年のあいだ師と仰いできた楊《よう》昌済《しょうさい》教授が死去した。このころになると楊昌済は、その学究第一主義的な生活態度のゆえに、一部の新民学会会員から批判されるようになっていたが、毛沢東の楊昌済先生にたいする敬慕の念は変わらなかったようである。北京での生活は苦しかったが、楊昌済の死にのぞみ、その家族の人と悲しみをともにすることができたのは、毛沢東にとって、せめてもの慰めだったかもしれない。また、この旅行の途中にあって、毛沢東は父の死を知った。まだ五〇歳であった。毛沢東は帰らなかった。おそらく帰ることができなかったのであろう。

同年の四月、毛沢東は北京を去って上海《シャンハイ》に向かった。旅費がなかったので、コートを売ったともいわれる。上海に着いた毛沢東は、洗濯《せんたく》屋のアルバイトで生活費を得ながら張敬堯《ちょうけいぎょう》打倒運動のために宣伝して歩いた。おそらく反響は小さなものであったに違いない。こういったとき、毛沢東は、かつて北京大学で顔を見たことのある陳独秀に会った。当時の独秀は、五・四文化運動の輝ける指導者として、北京大学文学部長の地位にあったが、その後、安福クラブの軍閥たちに敵視され、文学部長の座を追われたうえ、さらに逮捕され、結局北京を見かぎって上海に出、ここで『新青年』の編集にあたっていた。いまや陳独秀は毛沢東の言葉に耳を傾けた。毛沢東は湖南改造運動の実情を説明した。他方、陳独秀は、自分の考え方を説明した。ふたりの論議はかなりかみ合ったようである。毛沢東はスノーに、「かれはおそらくほかのだれよりも私に大きな影響をあたえました」と語っている。

というのは、このころ陳独秀は、急速にマルクス主義に接近していた。すでに前年の一九一九年から、陳独秀は、一つにはパリ講和会議におけるヨーロッパ列強にたいする絶望から（それまでの陳独秀は全面的欧化論者であった)、一つには同僚の李大釗の影響から、しだいに革命ロシアに関心をよせはじめていた。もっとも一時はアメリカのデューイの影響を受け、アメリカ的な地方自治的―合衆国方式に心をひかれたようである。しかし、陳独秀が毛沢東と会ったころ、かれはほかに、より重要な外国のお客を迎えていた。その前年設立されたコミンテルン代表のヴォイチンスキーである。すでに陳独秀は、革命ロシアのなかに新しい時代の希望を見はじめていた。加えて一九二〇年三月には、帝制ロシアのすべての特権を放棄することを明らかにしたカラハン宣言が、イルクーツク経由で北京に伝えられ、中国知識人の心に大きな衝動をあたえていた。しかもヴォイチンスキーは、困窮のなかに発行しつづけていた『新青年』の編集にも、若干の財政的援助を申し出たといわれる。陳独秀の心は動いた。その五月、陳独秀は、上海に共産主義グループを結成した。それはすでに単なる研究会ではなく、政治的組織としての性格をおびるものであった。つづく八月、陳独秀は、共産主義グループの下部組織として、社会主義青年団を結成した。九月、陳独秀は、フランス租界内にあった自分の家に同志を集め、中国共産党の創設を協議した。話は急速に発展した。陳独秀たちは、同様の組織を中国各地に生み出すことを考え、そのための理論的機関誌として、『共産党』月刊を一一月から発行することにした。

陳独秀にけいとうしはじめた毛沢東が、その影響を受けないはずはなかった。まず毛沢東は、当時中国語に翻訳されていたマルクス主義の文献、すなわち、マルクスの『共産党宣言』、カウツキーの『階級闘争』、カーカップの『社会主義史』、エンゲルスの『空想から科学へ』などを読み、深い感銘を受けた。

「一九二〇年の夏までに、私は、理論的に、またある程度実践的に、マルクス主義者となり、このとき以来私は自分をマルクス主義者と考えてきました」と毛沢東は語っている。それは、ある意味では事実かもしれない。しかし毛沢東がマルクス主義者というのは、どこまでも毛沢東が理解した意味におけるマルクス主義であった。端的にいうならば、毛沢東は、このときマルクス主義をかれなりの論理で極度に単純化してマルクス主義者となったのである。この前後の毛沢東の思想の変化を分析するに足る資料は、残念ながら現在までのところ公表されていない。したがって、われわれは、毛沢東の現実の歩みのなかにかれが独特のマルクス主義者となっていく過程を読みとっていくよりほかに方法はないであろう。

『共　産　党』
創刊号の表紙

湖南における共産党の萌芽《ほうが》

こういったとき毛沢東は、ある意味では偶然、湖南に帰ることができることとなった。というのは、張敬尭が、とつぜん失脚したからである。

ちょうど毛沢東が北京から上海に向かっていたころ、北方の二大軍閥、安福クラブ系の安徽《あんき》派と、呉佩孚《ごはいふ》・曹《そう》錕《こん》などの直隷派とが、正面から激突する情勢となってきた。このため北方系の軍隊は続々湖南《フーナン》省外に去り、残されたのは張敬堯《ちょうけいぎょう》直属の軍隊だけになってきた。こういった状況を見た湖南の地元の軍閥である譚延闓《たんえんがい》は、趙《ちょう》恒惕《こうてき》・程潜《ていせん》などの反張勢力を結集し、五月二九日、湖南戦争を開始した。その旗印は湖南人の湖南、湖南の自治であった。この結果、張敬堯は敗れて、六月二日、長沙《チャンシャー》を去った。また七月には安直戦争がはじまり、安徽派が敗れた結果、段祺瑞《だんきずい》はすべての官職から辞任した。湖南改造運動への道が開かれたわけである。

七月、毛沢東は湖南に帰った。張敬堯打倒運動には、毛沢東たちの功績がないわけではなかった。また湖南の軍閥たちは、たがいに指導権を争っていたために、毛沢東らの改革要求をできるかぎり受け入れようとしていた。帰省するや毛沢東は、湖南第一師範の小学校主事兼師範学校国語担当となった。まずは破格の抜てきということができよう。

毛沢東は、ただちに湖南改造連盟を発足させた。九月、譚延闓は自治会議の召集を発表した。一〇月一〇日、毛沢東らは、さらに人民憲法会議の召集を要求して、辛亥革命記念の双十節デモを実施した。湖南軍閥の政府は、このようなデモには、さまざまの干渉を加えた。とくに一一月、譚延闓を追い出して趙恒惕が権力を握って以来、広西《カンシー》軍閥と連携のある趙恒惕は、いっそう改造連盟に圧力を加えた。しかし趙恒惕といえども、湖南自治には賛成であり、民主的省憲法を制定するにはあえて異議はなかった。政治的妥協が成立し、翌二一年四月、湖南省憲法が施行された。

こういった経験を通して、毛沢東は政治的に成長した。かれは政治的妥協の必要性と、同時に、その限界性を知った。民衆といっても、ほんとうにあてになる民衆の運動の必要性を痛感した。

「このときから私は、大衆運動による大衆の政治的な力のみが、有力な改革の実現を保障するものであることを、いっそう確信するようになりました」と、毛沢東は当時を回顧している。ではどうしたらあてになる民衆の運動を組織していくことができるのであろうか。そのとき毛沢東はマルクス主義から習いおぼえたことを想起した。すなわち、真に民衆の利益を代表し、自覚した人々の集団を党に結集することである。ただ個人の自覚と社会的連帯をうながし、あとは歴史の発展に身をゆだねているだけでは、軍閥の打倒もできなければ、外国の侵入を排除することもできない。自覚した人々の集団を、強力な党に結集する自発的能動性こそ、いま必要とされることである。こうして毛沢東は、湖南《フーナン》における同志の結集の第一歩に踏み出した。

それからの毛沢東の実践活動には、まことに目をみはるものがあった。そのとき、毛沢東の社会的地位はフルに利用された。

まず毛沢東は、資金かせぎと同志集めのため、あわせて啓蒙運動のため、七月三一日、一六〇人の仲間を集めて「文化書社」を設立した。この「文化書社」は、九月九日営業を開始し、『新青年』をはじめ多くの社会主義文献を販売した。つづいて八月、ロシア研究会を発足させた。この研究会はロシアへの勤工倹学を推進し、あわせてロシア語を習得させるという名目で、新しい青年をひきつけた。劉少奇《りゅうしょうき》・任弼時《にんひつじ》も、これに参与した。さらに九月ごろ、毛沢東は共産主義グループを組織した。この組織は、いわゆるマルクス主義研究会とよく区別ができないようなものであったが、とにかく湖南における共産主義小組のはじまりとなった。同じく湖南の社会主義青年団も、この年の一〇月から一二月の間に結成された。湖南においても、上海におけるのとまさに同じような状況が進行したわけである。

こういった政治活動は、とうぜん、従来の新民学会の組織にも重要な変更をもたらさざるをえなかった。おりからパリにおいても、蔡和森《さいわしん》と蕭瑜《しょうゆ》が対立し、それぞれに自己の主張を手紙で訴えてきた。蔡和森は、ロシア型の社会主義、共産党の設立の重要性を訴え、権力を握ることの意義を強調してきた。蕭瑜は、むしろ西欧的な社会主義を主張し、労働組合の着実な組織によって、合法的運動を発展させていくことを考えていた。毛沢東は、とうぜん蔡和森に同調した。というよりはむしろ、毛沢東の共産主義的組織の推進それ自体が蔡和森の手紙によって鼓舞《こぶ》されつづけていたのかもしれない。一九二一年一月、新民学会は四日間討論をつづけた。そしてその春、毛沢東は、最後の「新民学会会員通信集」を発行した。新民学会は、ここに分裂し、あるいは発展的に解消した。毛沢東が二八歳のときのことである。そして、その直前一九二一年の正月前後、毛沢東は一九歳の楊開慧《ようかいけい》と新しい家庭を発足させていた。

中国共産党創立参加

共産党の結成

一九二一年七月のある日、おりから夏休みにはいっていた上海《シャンハイ》フランス租界内の「博愛」とかいう名の女学校の寄宿舎に、十数人の人がひそかに集まってきた。かれらはひそひそと「開会式」らしきものをやった。ところが早くも租界警察の関係者らしい人間が、あたりをうろつきはじめた。あわてた人々は、まず同志のひとりの家に避難し、数日後、杭州《ハンチョウ》嘉興《チャシン》付近の湖上の船に会議の場を移した。なん人かの人は、途中で姿を消していた。これが中国共産党の創立大会といわれているものである。この創立大会については正式の記録は何も残されていない。ただ出席した人のうち二、三の人々の回顧録と、途中もち出されたらしい文書の英訳があるだけである。

そういうわけで、この大会の出席者の正確な名まえも人数もわかっていない。とにかく、その一二、三名の人々のなかには、湖南《フーナン》代表の毛沢東の名まえもまじっていた。

しかし、出席した人々は、熱心に新しい党の設立を議論した。かれらは、いつわりの近代のなかに眠っている中国を根本的に変革するための組織を求めていた。そこには、レーニンのボルシェヴィキ党の創設の理

（右） 中国共産党第一回全国代表大会の会場

（左） 創立大会の会議場となった湖上の小船

論が、大きな影響を及ぼしていた。しかしそこの雰囲気《ふんいき》は、まるで純粋な宗教組織か学術団体を結成しようとするかのごとき熱っぽい空気でみたされていた。

ここで毛沢東がどんな顔をして聞いていたのかということは知られていない。ある人は、現実主義的な毛沢東は、抽象的な議論に夢中になっている知識人の集団をあきれてながめていたのではないかと想像している。またある人は、無口な毛沢東は、発言する機会もなく、だまってノートをとる役をひき受けていたと説明している。事実はよくわからない。しかし毛沢東は、プロレタリア政党を組織することの重要性は理解し、当面労働運動の指導に全力をあげるという大会の方針には賛成だったに違いない。大会後、毛沢東は、中国共産党の湖南《フーナン》省支部書記兼湖南労働組合書記部主任となった。ここに共産党員としての第一歩がはじまったのである。

労働運動の指導

すでにこのとき毛沢東は、中国を民主化し、中国を統一するためには民衆の力によるよりほかはないことを知っていた。そして、いまやマルクス主義によって、その民衆の目ざめた部分の中核がプロレタリアート、すなわち労働者であることを教えられていた。毛沢東としても、まず労働運動の指導に飛び込むにはなんのためらいもなかった。

一九二一年の秋、毛沢東は、安源《アンユァン》炭鉱の調査と工作を開始した。フランスから帰ったばかりの李立三《りりっさん》、それに実の弟の毛沢民がそこに派遣された。この安源炭鉱というのは一八九八年張之洞《ちょうしどう》がドイツ系の資本と技術によって開発したものであったが、当時、ドイツ人監督の態度はごうまんで、中国人労働者の反感をかっており、現状打破の気運は動いていた。したがって毛沢東は、ここが湖南《フーナン》省外の江西《チャンシー》省萍郷《ピンシャン》県であったにもかかわらず、湖南に大きな工場がなかったことも原因して、あえてここに手をのばしたのである。

しかし、労働者を指導するということは、それほど容易な仕事ではなかった。中国のほかの地区と同じく、安源でも、労働者はまず知識人としての党員に反感をいだき、その動機の純粋性を疑った。また、主として地縁・血縁によるギルド的組織の下にあったかれらは、非合法活動はもちろん、上のものにたてつくことさえしりごみした。宣伝文書はいくら渡しても、読むこともできなかったし、また読もうともしなかっ

安源に向かう毛沢東の画

た。毛沢東たちは、党大会で議論し、教えられたとおり、まず労働者に接近し、これを教育することからはじめた。労働者の子供のための学級が開設され、人間的接触がはじめられた。また夜には労働者のための補習学校が開かれ、読み書きから歴史などが教えられた。一九二二年五月には、李立三を主任とする労働者クラブが開設され、組合に向かっての第一歩として、労働者の横の連絡がはじめられた。そして九月、安源《アンユワン》の労働者は、炭鉱および関連鉄道において、はじめての賃上げストライキを実行した。このストライキには一万七〇〇〇人が参加し、当局の弾圧による死傷者を出しながらも、結局成功した。賃金は上げられ、クラブの組織も承認された。同様のストライキは、粤漢《ユエハン》鉄道や水口山《ショイコウ》亜鉛鉱でもおこなわれ、いずれも成功した。いまや毛沢東の現実主義は、実際の労働運動指導にあっても、ますますみがきあげられていった。かれは、軍閥の政府と力で対決することは避け、もっぱら民主的な省憲法制定運動を通して、軍閥に圧力をかけた。

初期の運動は順調に発展した。一九二二年一一月には「湖南《フーナン》省全省工団連合会」が結成され、毛沢東が初代幹事におされた。参加した組合は一四、労働者数は四万人といわれている。もっともこの数は、湖南省以外でも組織された隣接省の人数を加えていたようである。いまや毛沢東は、小学校主事を辞任して、党務に専念した。劉少奇《りゅうしょうき》・李立三《りりっさん》・向警予《こうけいよ》・郭亮《かくりょう》・羅学瓚《らがくさん》、そして毛沢東のふたりの弟が、かれを助けた。

また毛沢東は、幹部の養成にも力を注いだ。一九二一年八月の自修大学の設立が、それである。この大学は、一七世紀の民族主義的学者であった王船山《おうせんざん》を記念して建てられた船山学社に設置された。同志の何叔衡《かしゅくこう》がここの社員であり、また、この学社は学術団体として省政府から補助金が出ているので、ただの学校をつくるのに便利だったからである。ここの大学では、図書館を中心とする自学自習が中心とされ、これに指導者をリーダーとする討論・調査が加えられた。いかにも毛沢東らしい実際主義的・自発的教育方法として注目される。また、このほか、この自修大学で学ぶ基礎的学力をつけるために、従来の授業形式による初等中学程度の準備学校も、ややおくれて設置された。こうして共産党・社会主義青年団の活動家が続々養成され、青年団員の数も、わずか一年あまりで、二〇〇〇人に急増したといわれる。

第一次国共合作

毛沢東が湖南省で労働組合の基礎を固めていたころ、中国共産党中央は、中国共産党員の中国国民党加入を決めていた。というのは当時孫文の国民党は、南の広東省の一角に足がかりをつかみ、ここを根拠地として民族主義・民主主義的革命を全国に及ぼしていこうと努力していた。おりから外国干渉の内乱の危機から脱しようとしていたソビエト－ロシアは、この孫文の動きに期待した。というのは、孫文は、ほかの軍閥政治家と違って、ある程度本気でヨーロッパ列強の中国進出を排除しようとしていたからである。そして、このような植民地における民族民主主義革命は、一九一八年から二〇年にかけて形成されたレーニンやスターリンの理論によれば、ソビエト－ロシアにとって当面の敵である帝国主義に打撃をあたえるものであった。ここでレーニンやスターリンは、孫文が心《しん》から反帝国主義者になるとともに、その国民党が強化されることを望んだ。かれらが、コミンテルンという組織を通じて、中国共産党員が国民党に加入するよう求めたのも、そのためだった。一〇〇人足らずの共産党員は、五万余りの国民党のなかにはいり、これをもっとはっきりした革命集団に変えていくことが期待された。

生まれたばかりの中国共産党にとっては、コミンテルンからのこの要求はたいへんな重荷であった。だいいち中国共産党員自身が、まだ共産主義をしっかりと身につけていなかった。それに国民党は、地方軍閥や投機的政客も多くまじっており、はたして民主主義革命をやるものかどうかもよくわからなかった。中国共産党員としては迷わざるをえなかった。陳独秀《ちんどくしゅう》も国民党に外から協力するのはよいが、党内に加入して協力することには抵抗を示した。一九二二年の五月から八月にかけて何回かの重要会議が開かれ、中共指導者たちは苦悩に苦悩を重ねた。結局コミンテルンの意思が通り、八月末から共産党員の国民党加入が開始された。そのかわり共産党員は、国民党外に独自の組織を残し、とくに労農運動の指導は共産党員があたることとした。

このいわゆる第一次国共合作の成立にあたって、毛沢東は、なんの役割も果たしていない。二二年五月から八月にかけての会議は、その一つは二全大会と称されたにもかかわらず、毛沢東はまったく出席していない。毛沢東は場所を忘れたためとスノーに語っているが、どうも毛沢東はその記憶のなかで二全大会と四全大会とをごっちゃにしているようでもある。

しかし毛沢東は、何か別の理由で重要会議に参加しなかっただけで、国共合作に反対というわけではなかった。というのは、二二年から二三年にかけて、毛沢東指導下の労働運動は、それが拡大するにつれて地方軍閥や郷紳たちの反感の的となりはじめていたからである。どんなに柔軟な戦術をとっても、根本的利害関係が対立している以上、労働運動はそれが大きくなるというだけで、軍閥権力との対立を深めていた。そのとき結局ものをいうのは武力である。すでに数万の武力をもつ国民党が毛沢東の目に魅力的に映ったとしても不思議はない。おまけに毛沢東は、共産党というものにたいして、他の知識人党員のように絶対的忠誠をささげる必要性を感じてはいなかった。毛沢東にとって重要なのは、中国を救うために働く二〇世紀の新潮流であり、その具現化としての目ざめた民衆の力であり、労働運動であり、そしてその指導集団であった。なにも共産党だけが絶対的なものではない。国民党が現実に革命的でありつづけるかぎり、これを特に区別する必要はなかった。

中国共産党中央委員に選出されたときの毛沢東

こうして、毛沢東は、それほどの抵抗もなく、国共合作を受け入れていった。おりから毛沢東は湖南《フーナン》の実権者趙恒惕《ちょうこうてき》に追われて、妻子とともに上海に脱出した。二三年四月のことである。当面の敵軍閥にたいする対決の意識はいっそう鮮明なものであった。まず軍閥とたたかうこと、それは、ただ抽象的にプロレタリヤ革命とかブルジョア民主主義革命とかの区別を論じていることよりも、毛沢東にとっては革命的であった。その六月、毛沢東は、上海《シャンハイ》から広州《コワンチョウ》に渡り、ここで国共合作を最終的に確定した中国共産党の三全大会に出席した。中央委員兼組織部長、これが中共中央が毛沢東にあたえた新しい要職であった。

国民党員として

他方、この間、孫文の新政策もしだいに形を整えていった。そして一九二四年一月、新しい中国国民党の一全大会が開かれた。中国共産党員は、その数はなお国民党員の何十分の一にすぎなかったが、国民党の改組を実現させた、知恵袋として、相対的に多数の重要ポストを占めた。労働部・農民部・組織部の実権は、すべて共産党員の手中に帰した。毛沢東もまた、国民党中央委員会候補委員に選ばれ、また、汪兆銘《おうちょうめい》宣伝部長の下に書記に任命された。さらに三月以後、国民党上海支部組織部書記として、広東《カントン》から上海に移った。当時、国民党内において毛沢東が提出した意見書といわれるものは、国民党の組織が名のみで実質がともなわないことを指摘し、もっと県レベルの組織を強化するよう提案していたといわれる。

しかし、毛沢東のこのように熱心な対国民党協力は、共産党内の反感をかったようである。とくに、一九二四年後半、国民党右派の共産党非難が強化されるにしたがって、共産党内の国民党批判も陰にこもって熱をおびてきた。同年冬、毛沢東はとつぜん病気と称して故郷に帰った。「私は上海《シャンハイ》で病気になっていました」、「この冬、私は、休養をとるために湖南《フーナン》に帰りました」と、毛沢東はたんたんとスノーに語っている。

「独《ひと》り寒き秋に立てば、湘江、北に流る……」、有名な毛沢東の詩「沁園春《しんえんしゅん》」は、このころの作である。そして翌二五年一月、上海における中央四全大会にも、毛沢東の姿はなかった。とうぜん、中央委員会委員の職責は失われた。おりから労働運動が高まり、五・三〇事件の高揚期を迎えつつあったとき、そして、毛沢東と同じ湖南《フーナン》出身である蔡和森《さいわしん》や李立三《りりつさん》が上海ストライキを指導しつつあったとき、毛沢東は、いぜんとして郷里にとどまっていた。わずか半年のあいだに、中国共産党員は一千人から一万人に飛躍した。しかしこのような党勢の発展も、毛沢東と直接の関係はなかったのである。

農民運動のなかへ

韶山《シャオシャン》で休養していた毛沢東は、久しぶりに故郷の親しい人々と顔をあわせた。もちろん、かれらの大部分は農民であった。ところが、かれらは少なくとも毛沢東が生まれ育ったころの農民とは違っていた。毛沢東は、このことに、あらためて注意をひきつけられた。毛沢東は、つぎのように語っている。

「それまで、私は、農民のあいだの階級闘争の運動を十分に理解していなかったのですが、五・三〇事件以後、またそれにつづく政治活動の大波がつづくあいだに、湖南《フーナン》の農民は非常に戦闘的になってきました。私は自分の休養していた家を去って、農村の組織工作をはじめました。」

中国の農民

では、中国の農村に、どのようなことが起こっていたのであろうか。

当時の中国では、農民の生活は悪化の一途をたどっていた。信頼しうる正確な統計はないが、大部分の地方では、小作料は収穫高の五割以上、はなはだしい場合には七割にも達していた。そして、それは、零細で、生産性の低い中国にあっては、大部分の農民が、毎年つみ上げられていく赤字、すなわち、その穴埋めとしての借金に苦しめられることを意味した。しかも借金の利子は、今日のわれわれからみると、まさに想像を絶するものがあった。毎月の利子一割はむしろ普通で、はなはだしい場合には三割をこえた。農民は、土地を売り、妻子を手ばなしても、なお孫の代まで借金の債務によってがんじがらめとされていった。こういった状況は、辛亥革命後、すなわち軍閥戦争の時代にあっては、さらに促進された。軍閥は、その勢力拡大のための軍費として、直接・間接に多額の税金を徴収した。かれらの要求は無限で、一年、二年先の税金を集めるのはまだましなほうで、とくに華中では四年、五年先の税金を要求する例までがみられた。加えて軍閥は、自己のつごうによってかってに農民を徴用し、また、不換紙幣の乱発によって物価をつり上げた。もちろん、軍閥は、それを正当化するためにあらゆる口実をもうけた。地方の郷紳層と結託した大小の軍閥は、中国統一・地方自治・秩序回復・憲法護持など、およそ農民たちが反論できないようなスローガンをかかげて、たがいにたたかいをいどみ合っていた。耕地は減少し、農村は貧窮し、一九一八年には農民の五〇パーセントが土地所有者であったのに、一九二六年には、二五パーセントにまで後退した。それが共和制民主主義の中国における実態であった。それにもかかわらず、久しく農民たちはなお、呪術《じゅじゅつ》的な運命観と、封建的秩序のからくりのなかに、ねむりこまされていた。

しかし、一九二〇年代半ばとなると、事態は急速に変わってきた。農民運動を指導しようとする革命的知識人は、かれらのなかに潜在していた現状打破への願望を呼びさました。かれらのなかから都会に出て工場労働者となった人々から、農民たちは五・四運動や五・三〇運動のことなどを聞いた。そうして、いままでは絶対的であり運命的なものと思っていた社会秩序が、大きく動揺しはじめていることを知った。貧窮のなかに目ざめた農民たちは、立ち上がりはじめた。いったん動き出すと、かれらのエネルギーは巨大であった。

農民問題とマルクス主義

この農民運動の重要性については、レーニンやスターリンも気がついていた。一九二〇年夏のコミンテルン第二回大会においては、レーニンは、農民ソビエトの可能性についてまで語った。したがってコミンテルンも、まず農民に土地をあたえる土地革命の重要性について、中国共産党の注意を喚起《かんき》していた。

しかし、今日ふりかえってみるとき、コミンテルンの農民運動指導論には、重大な点で欠陥があった。まず第一にコミンテルンは、どこまでも都市プロレタリアートを中心に考え、農民を同盟軍的発想でとり扱っていた。そこでは、中国農民におけるプロレタリア的要素の発掘には思い及ばなかった。第二に、コミンテルンは、土地革命をおおまかなブルジョア民主主義革命というカテゴリー（範疇《はんちゅう》）に押し込めて考えていたため、中国のブルジョアジーは、土地革命には反対しないものと考えていた。そこでは、中国のブルジョアジーが地主・郷紳階級と密接な関係にあることが見落とされていた。

他方、中国の革命主義者たちも、農民の主体的な行動力には、ほとんど期待していなかった。たとえば陳《ちん》独秀《どくしゅう》は、一九二三年一二月の論文などで、農民がいかに意識が低く、かつ利己的であるかということを強調していた。また、孫文も、基本的には農民保護政策的な意識しかもっていなかった。かれは、社会立法的な方法によって、「耕す者に土地を」あたえることしか考えていなかった。

したがって、一九二四年末以後、上からの刺激をきっかけに、農民がみずから立ち上がりはじめたことは、当時の指導者にとってはまさに驚きであった。

農民の立ち上がり

その農民の立ち上がりに大きなきっかけをあたえたのは、新しい中国国民党の農民部による共産党員であった。すなわち、かれらは、一九二四年二月国民党に農民部が設置されるや、その部長・秘書の要職を占め、七月には、広州《コワンチョウ》に農民講習所を設置して、多数の青年活動家を育成していった。この農民講習所は、はやくも一九二四年七月〜八月には第一期生三三名、八月〜一〇月には第二期生一四二名を送り出し、農民指導に有能な活動家を農村に供給した。これらの講習生は中国の政治・経済状況、国民党史、帝国主義などを学ぶとともに、より多くの時間をさいて中国の農民問題、農業常識、革命の歌と画《え》などを学んだ。また、とくに注目すべきことは、後になると一〇〇時間以上、本格的な軍事訓練を受けた。中国の郷紳・地主階級が民団・保衛団などの私兵部隊で武装している以上、それは必要なことであった。地方の末端の末々にいたるまで、農民協会の設立一つ、農民大会の開催一つが、まず力で守られなければならなかったところに、中国革命の最大の特徴の一つがあった。

これらの短期集中的な訓練を受けた青年活動家たちは、続々農村にはいっていった。もちろん地主の私兵

広州農民運動講習所のあと

側の暴行はあいつぎ、犠牲者もたちまち一〇〇名をこえた。しかし、講習生は三期生、四期生とつづき、それでなくても暴発寸前《すんぜん》にあった中国農村には、小作料ひき下げ（減租《げんそ》）を要求する声、利子を軽くする（減息《げんそく》）ことを要求する声が高まっていった。とくに広《カン》東《トン》省における高揚はめざましかった。なぜならば、広東省の大部分は孫文の国民党政府の治下にあり、運動は比較的すすめやすかったからである。なかでも、広東省東部の海豊《ハイフォン》・陸豊《ルーフォン》県周辺の農民運動は、当時の模範とされた。というのは、この東江《トンチャン》地方は、同じ広東省内といっても一九二二年六月孫文に反逆した軍閥陳烱明《ちんけいめい》の勢力範囲内にあり、地主・郷紳打倒運動がやりやすかったからである。また同時に、日本留学生出身の共産党員彭湃《ほうはい》が、一九二一〜二二年ごろから農民運動に努力し、最初の芽をねばり強く育てていた。

　こういった農民運動がいかに国民革命に利するかということは、一九二五年春には実証された。このとき蔣介石《しょうかいせき》の率いる黄埔《こうほ》軍官学校学生軍・革命軍は、陳烱明討伐の第一次東征を開始したが、革命軍は進む先々で農民の歓迎を受け、また組織された農民は、運搬・情報伝達など各方面で革命軍の前進をたすけた。農民にとっては、東江の郷紳・地主階級の頂点にたつ陳烱明を討伐する軍隊は、まさに自分たちの軍隊として歓迎したわけである。

湖南における農民運動のはじまり

広東《カントン》省海陸豊《ハイルーフォン》の農民運動の話は、たちまち湖南《フーナン》にも伝えられた。すでに湖南では一九二三年の衡山《ホンシャン》の農民運動など、部分的には農民運動の胎動がはじまっていた。しかも湖南では、比較的恵まれた自然条件であったにもかかわらず郷紳・地主層の力は強く、現在断片的に伝えられている資料からみるかぎり、貧しい小作人や借地すら持てない雇農の率は、他の省より高かった。このため、いったん火種が投ぜられると、それは急速に燃え広がる可能性があった。

一九二五年夏、毛沢東は、韶山《シャオシャン》を中心に農民運動組織を開始した。二、三か月のうちに農民協会は、二〇以上の農村に創設された。そして九月には、毛沢東の弟沢民をはじめ四一名の湖南青年が、広東の農民講習所で学ぶべく、湖南をあとにした。

しかし、国民党政府から遠く離れた地における農民組織は、きわめて困難であった。軍閥は、かれらの主たる基盤である郷紳・地主層の訴えを聞き、ただちに出動した。現実的に重要な基盤がおかされるときには、省憲法に定める結社の自由は眼中になかったのである。趙恒惕《ちょうこうてき》の軍隊の追及を受けて、毛沢東は省外にのがれた。同年秋のことであった。その後、毛沢東は、趙恒惕がさらに弾圧の手をのばし、毛沢東たちが苦労して組織した安源《アンユァン》の労働クラブを禁圧し、黄愛源《おうあいげん》ら一〇数名を処刑したことを知った。怒りに燃えた毛沢東は、趙恒惕反対運動を組織すべく広州《コワンチョウ》から上海《シャンハイ》へと奔走《ほんそう》した。しかし遠く離れた地にあって、強力な趙恒惕の武力を打倒する方法は、見いだすべくもなかった。

本格的に農民運動へ

一九二五年末から二六年初頭の毛沢東は、ふたたび国民党の要職に返り咲いた。おそらく軍閥打倒を念願する毛沢東は、とにかく国民党政権の強化を必要と考えたのであろう。一九二五年末、国民党左派の汪兆銘《おうちょうめい》宣伝部長の下に書記となった毛沢東は、翌二六年一月の国民党二全大会において宣伝部長代理となり、機関誌『政治週報』の編集を担当することとなった。この間の毛沢東の動静には、現在なお不明な点が多いが、とにかく国民党の宣伝活動に農民重視の主張が多く盛り込まれるようになったことと考えあわせると、毛沢東の意図の一端がうかがえるような気がする。ある資料によると、毛沢東は宣伝部の仕事にはそれほど熱心ではなく、むしろ各地の情勢を伝える地方新聞をいっしょうけんめい読んでいたともいわれる。

とうぜん毛沢東の関心は、農民講習所における活動家養成のほうに向けられていった。一九二六年三月には、その講習所の所長として、第六期生三〇〇余名を指導することになったが、それは毛沢東としては望むところであった。この第六期生は、五月に入学し一〇月に卒業しているが、この間には、いわゆる「中山艦《ちゅうざんかん》事件」とか「党務整理案《とうむせいりあん》」とか、国共関係上の重大事件が起こっており、毛沢東自身も、五月には、譚平山《たんへいざん》組織部長とか、林祖涵《りんそかん》農民部長とともに、宣伝部長代理を辞任させられている。しかし農民講習所長のほうはつづけており、九月には講習生を連れて二週間の海陸豊《ハイルーフォン》訪問の〝実地見学〟をしている。こういった点からみて、当時の毛沢東が、国共の指導権論争よりも、農民運動指導のほうに、より大きな関心を注いでいたことが推察されえよう。

また、この年の六月から七月にかけて、いわゆる北伐《ほくばつ》をめぐって、中共中央・コミンテルン代表と蔣介石とのあいだに、かなり激しい論争がおこなわれていた。このとき蔣介石は、北方の軍閥打倒のため、ただちに北伐を開始すべきことを主張していた。他方、中共中央やコミンテルン代表は、一面では広東政府の基礎がほんとうに革命的になっていないことをあやぶみ、一面では反共的意識を強化しつつある蔣介石が国民革命軍の決定的指導権を把握することを恐れて、北伐の時期尚早《しょうそう》論を唱えていた。しかし、毛沢東の関心は、すでに北伐によって解放されるべき地方の農民運動に向けられていた。早くも三月末の国民党農民委員会において、毛沢東は、早期北伐をとうぜんのこととして発言していたといわれる。おそらく毛沢東としては、観念的な革命性とか抽象的な指導権とかいったものには、あまり関心がなかったに違いない。かれとしては、歴史を動かす現実的な力に立脚し、それにたち向かうものには、実際にそれがたち向かってきたときに闘《たたか》うことあるのみと考えていたものといえよう。

「中国社会各階級の分析」

こういった状況下で書かれたのが、有名な「中国社会各階級の分析」であった。この論文は、同じ時期に発表された「中国農民中の各階級の分析およびその革命にたいする態度」と対《つい》になっており、ともに国民党農民部発行の『中国農民』に掲載された。現在では、前者の主要部分（半分あまり）が、『毛沢東選集』に載せられている。このほか『趙恒惕《ちょうこうてき》の階級的基礎』というパンフレットも発行されたといわれるが、少なくとも現在のところ公開されていない。

この「中国社会各階級の分析」は、中国農村の現状分析にマルクス主義的な階級分析の方法を試みている点で興味深いが、同様な方法は彭湃《ほうはい》や羅綺園《らきえん》ら中国共産党の理論家も用いており、とりたてて毛沢東の特徴ということはできない。より重要な点は、この論文の書き出しが、「われわれの敵はだれか、われわれの友はだれか。この問題は革命のいちばん重要な問題である」となっていることが象徴的に示しているように、全文が、きわめて明快な二分論を基調としていることである。その二分論の基準は何か。それは「搾取するもの」と「搾取されるもの」である。ある人は、マルクス主義は東に行くほどその内容と論理が単純化され、かえってそのことによって有効性を増したと表現しているが、あるいはそうかもしれない。しかしここで重要なことは、毛沢東が、このように単純な論理をつきつけたことによって、かえって、プロレタリアート・農民・ブルジョアジーといったような既成のマルクス主義的概念から自由になり、思いきって中国の現実にそくしてマルクス主義を活用することができるようになったという点にある。いいかえれば、ここでプロレタリアートの概念は拡大され、単なる工場労働者にとどまらず、農村におけるプロレタリアート、すなわち雇農・作男に拡大されていった。「これらの作男は、土地も農具ももたないばかりか、びた一文《いちもん》の資金さえ、もっておらず、ただ労働でその日その日を送るよりほかはない。その労働時間の長いこと、賃金の少ないこと、待遇の悪いこと、職業の不安定なことでは、ほかの労働者よりもひどい」とは、毛沢東の表現である。

北伐　分列行進する国民党の軍隊

搾取され、苦しめられ、失うべき何物をもたない以上、工業プロレタリアートと農村プロレタリアートとを本質的に区別する必要はないわけである。そして中国においては、工場労働者より農村の雇農・貧農のほうが圧倒的に多い。毛沢東がマルクス主義の洗礼を受けながら、革命の主力軍を工場労働者から農民に移していった第一歩は、ここにあったのである。

「湖南農民運動の視察報告」

毛沢東の農民にたいする高い評価は、やがて量的側面にとどまらず、質的側面にまで高められていった。それは、湖南《フーナン》における空前の農民運動の現実から、直接的に体得したものであった。

一九二六年一〇月、毛沢東は農民講習所第六期生の卒業を送り、広州《コワンチョウ》から上海《シャンハイ》へと向かった。おりから、蔣介石の率いる国民革命軍は、破竹の進撃をつづけ、すでに八月には、毛沢東の忘れることのできない敵、趙恒惕《ちょうこうてき》の軍隊を撃破していた。湖南《フーナン》の農民は、広東海陸豊《カントンハイルーフォン》の農民と同様に、国民革命軍を先導し、情報を伝え、物資を運搬した。湖南農民運動は、秘密活動から公然化、公然化から革命化の道を進んだ。一九二六年前半には三〇万程度だった農民協会員は、同年末期には二〇〇万に達した。まさに、「その勢いは嵐《あらし》のように速く、猛烈で、どんな大きな力も、それをおさえつけることはできない」といったありさまであった。

一〇月から一一月、毛沢東は、農民運動視察員として、国民革命軍の〃解放〃した揚子江流域を、湖南《フーナン》に向かって進んでいった。趙恒惕《ちょうこうてき》にかわって湖南省に台頭してきた唐生智《とうせいち》は、その基礎を郷紳・地主階級におきながらも国民革命軍に服属し、あえて農民運動の大勢《たいせい》に逆らおうとはしなかった。大地主は逃げ出し、小地主は農民協会に「降伏」した。勢いにのった農民は、やがて国民党のきめていた小作料を二五パーセント以下にするという二五減租をこえて、土地没収へと進んだ。こういったなかにあって、一二月、毛沢東は農民の歓呼の声のなかに湖南にはいった。そして湖南省農民大会に出席した毛沢東は、農民におけるそのような「行き過ぎ」を是認した。さらに翌二七年、三日間を故郷で過ごした毛沢東は、一月四日から二月五日にかけて、くわしく実情を調査した。その結果作成された報告書が、毛沢東思想の出発点といわれる「湖南農民運動の視察報告」である。

この報告はまず、民主主義革命における農村革命の意義を高く評価していることで有名である。現在の『毛沢東選集』には削除されているが、「もし民主主義革命の功績を一〇点とするならば、市民と軍隊の功績はわずか三点であって、農民の農村革命の功績は七点でなければならない」というのが、その問題となっている部分である。しかしこの部分は、あくまで農民運動の量的側面をいっているものであって、とりたてて特徴的なものということはできない。より以上に重要なのは、毛沢東が、農民運動の質的側面を激賞していることである。すなわち、「すべての革命的な政党、革命的な同志は、みなかれらの前で、その審査を受け、自分でどうするかをきめるであろう」というのが、その典型的な箇所である。共産党員とか国民党員とかが、農民運動をあれこれいうのではない。目ざめて立ち上がった農民大衆のほうが、だれが味方であり、だれが敵であり、だれが革命主義者であり、だれが反革命主義者であるのかというのをきめるというわけである。農民は「信頼できる同盟軍」といったどころの話ではない。

では、目ざめた農民が、どうして明日の正しい方向を示すもの、真の革命主義者を見定めるものなのであろうか。毛沢東はいう。「それは土豪劣紳《どごうれっしん》や不法地主を力で打倒したのみならず、中国農民をがんじがらめにしてきた古い思想と制度、今までの農村の悪い習慣をうち破ろうとしているからである。別の表現でいうならば、それは、いつわりの近代の根を絶つものだからである。」「辛亥革命には、こうした変動がなかったから失敗したのである。いまこうした変動のあることは、革命の達成にとって重要な要素である」と、毛沢東はいう。ここには、歴史を推進するものは真実なもの、その真実で力あるものは、目ざめた民衆の連合の力という、あの若き日の毛沢東の思想の原型が顔を出している。とうぜん、真実なものはまた倫理的でなければならない。農民協会が強くなってからは、「ばくちは跡をたち、盗賊は影をひそめ、ところによっては、それこそ道路の落とし物も拾わず、夜でも戸じまりしない、というようになった」と、右の報告は説明している。もちろんこのような革命は、郷紳・地主階級にとっては致命的なものであった。それは、かれらが物質的なもののみならず、精神的なものまでも、すべてを失うことを意味したからである。したがって、抵抗は頑強《がんきょう》であり、闘争は激烈であった。現在『毛沢東語録』に出てくるつぎの言葉は、そういった状況下に作成された報告の一部だったのである。

「革命は、客を招いてごちそうすることでもなければ、文章をねったり、絵をかいたり、刺繍《ししゅう》したりすることでもない。そんなにお上品《じょうひん》で、そんなにおっとりした、みやびやかな、そんなにおだやかでおとなしく、うやうやしく、控えめのものではない。革命は暴動であり、一つの階級が他の階級をうちたおす激烈な行動である。」

農民指導をめぐる混乱

毛沢東の右のような言動は、陳独秀を最高責任者とする党中央の強い反発を受けた。陳独秀の目から見るかぎり、毛沢東の農民運動指導は、明らかに「行き過ぎ」であった。湖《フー》南《ナン》における農民協会の事実上の農村権力の把握は、海陸豊《ハイルーフォン》にも見られないほどのものであった。湖南のみならず、周辺一帯の郷紳・地主層は、湖南の話を聞いて、不安を感じ反発した。国民党内の保守的勢力は、湖南における土地没収は、国民党の決定をこえるものといって非難した。加えて、国民革命軍内の中小地主層の子弟、すなわち革命軍の将校層も反発した。というのは、蔣介石の北伐の進展する間に、華中・華南の地方軍閥は続々と国民革命軍に加わり、その結果、国民革命軍将校層内の地主的要素は急激に増加していたからである。国共合作をつづけようとするかぎり、国民党や国民革命軍のこのような動向は、中共中央にとって無視することはできなかった。また中国共産党員のなかには、従来の習慣、ものの考え方までを革新しようとする湖南の農民運動には、がまんできない人々も少なくなかった。かれらは、「良いことは良いことだが……」といって、顔をしかめた。

こうして、毛沢東の諸論文や報告も、中共中央にあっては冷たくあしらわれた。「中国社会各階級の分析」は、最初『嚮導《きょうどう》』に寄稿されたが陳独秀によって拒否されたため、国民党農民部機関誌『中国農民』および中国共産主義青年団機関誌『中国青年』に掲載《けいさい》されることになったといわれる。また、「湖南省農民運動の視察報告」は、中共湖南省委員会機関誌『戦士』および中共中央の『嚮導』第一九一期（二月一八日付「長沙《チャンシャー》通信」として）に掲載されたが、公開されたのはその前半の序論部だけであった。全文が公刊されたのは、漢口《ハンコウ》・長江《チャンチャン》書店版パンフレット『湖南農民革命㈠』が、最初である。

では、コミンテルン中央は、どう考えていたのであろうか。さきに説明したように、コミンテルン中央としては、農民運動をおさえる理由はなかった。農民運動が高揚してきたことは、もともと期待していたところであった。しかしコミンテルンの考え方からいうと、農民運動は、あくまで都市の労働運動の援軍であるべきものであり、したがって、都市労働者がいまだ武装せず、また、いまだソビエトをつくっていない段階では、農民は武装を強化したり、農村の権力を奪取してソビエトをつくったりすべきではなかった。しかもコミンテルンとしては、当面の政策として、国民党左派を信頼し、その革命化を促進し、その指導権によって国民革命を完成していくことを期待していた。いわゆる国民党左派と中国共産党の協同による武漢《ウーハン》政府の強化である。そのためには、まず武漢政府の統制下にはいった軍隊を大事にし、労働者や農民の武装を急ぐことの必要は認めていなかった。一九二六年一〇月来、とくにスターリンが、労働者や農民の自然発生的武装に反対したのはそのためである。

こういった状況下に開かれたコミンテルン第七回プレナム（一一月二二日〜一二月一六日）は、革命情勢を有利とみ、国共合作の継続とともに、労働運動の強化と農業革命の実行を指示した。いわゆる「一二月決議」である。

この「一二月決議」のもと、革命は急進展した。一九二七年三月一〇日に開かれた国民党三全中会（第三回中央委員会全体会議）は、国民党左派と共産党員の指導権の下におこなわれ、国民革命軍総司令蒋介石の実権を党組織改革によって奪うとともに、一五日、「土豪劣紳をおさえる条例」を採択した。この決議を受けて毛沢東指導下の湖南《フーナン》省委員会は、四月一〇日、「全省の農民に告ぐる書」を採択し、農民自衛軍による反革命派の鎮圧、減租減息をのりこえた土地問題の解決、反革命的な土豪や劣紳だけでなく、封建制度そのものの打倒などの方針をうち出した。事実上進行しつつあった湖南の農民運動を正式に承認したわけである。

とうぜん、中央における論争は白熱化した。毛沢東・彭湃《ほうはい》ら、農民運動の実情にたずさわってきた指導者たちは農民の立ち上がりを高く評価した。また、農民が自発的に税金を提出し、国民革命の戦費の重要部分をまかなう可能性を指摘した。しかし、陳独秀や国民党左派の汪兆銘《おうちょうめい》などは、国民党中間派や国民革命軍の将校層の動揺を恐れていた。事実、国民革命軍の大半は、なお蒋介石の統制下にあり武漢政府が信頼しうる軍隊は、張発奎《ちょうはつけい》軍のほかわずかな地方軍閥軍の軍隊にかぎられていた。陳独秀らは、国共合作を継続する以上、労働者の武装蜂起や農民の「行き過ぎ」は、おさえるよりほかはないと思っていたのである。

他方、コミンテルンやソビエト－ロシアからの派遣員たちは迷いに迷っていた。かれらは原則的には農民運動の高揚に賛成しながらも、現実には、その投げかける波紋のあまりに大きいのに当惑していた。また、モスクワにいたスターリンたちには、中国の実情がよくのみこめなかった。かれらは、賛成したり反対したり、沈黙したりしゃべりすぎたりして右往左往し、中国共産党内の混乱をいっそう拡大した。

中共五全大会

こうした間にあって、蔣介石は、着々とクーデターの準備を進めていた。かれは、上海《シャンハイ》労働者の武装蜂起や湖南《フーナン》の農民運動の動向を見守っていた。そして、大都市の民族ブルジョアジーや地方の郷紳・地主層の反発を計算していた。また部下の将校団の動揺には、とくに注意深い目を向けていた。加えて蔣介石は、帝国主義列強と武力で対決する考えはまったくなかったため、列強の国民革命にたいする動きには、とりわけ関心をよせていた。三月二四日、有名な南京砲撃事件が起こり列強の態度が明確になってきたとき、蔣介石の考えはきまっていった。かれはむしろ労働者や農民の武装強化の道を絶つことを決意したのである。

一九二七年四月一二日、蔣介石の指揮下にあった広西《カンシー》軍閥軍の白崇禧《はくすうき》部隊は、労働者の武装を解除するとともに、その指導者の逮捕・処刑を開始した。いわゆる「四・一二反共クーデター」のはじまりである。反共行動は各地で起こされ、共産党員の犠牲はあいついだ。国民党左派の指導者や軍隊の動揺は深まった。

中共中央、コミンテルン代表たちは、会議をくりかえした。武漢政府の軍が、蔣介石指揮下の軍より劣勢であることは明らかであった。もし、たたかうなら、労働者・農民の武装を急ぐよりほかはなかった。四月中・下旬、あいつぐ中央土地委員会および同拡大委員会において、毛沢東は、土地革命の即時実行を主張した。三〇華畝（約二ヘクタール）以上の土地をもつもの、いいかえれば、すべての地主の土地は没収され、農民に配分されるべきであるというのが、毛沢東の主張であった。そうでなければ農民は一致して立ち上がり、武装し、たたかおうとはしないであろう。中小地主の土地は没収しないとか、国民革命軍将校の家の土地は例外にするとかいっていたのでは、いたずらに農民間に不公平を生じ、たがいのしっと心を助長するだけである。おそらく毛沢東の考えとしては、たとえ武漢《ウーハン》政府系の軍隊といえども、このような農民の基本的要求に反対するならば、敵としてたたかうよりほかはないとみていたのでもあろう。

しかし、中共中央の大部分は反対した。毛沢東がスノーに語っているところによれば、このとき毛沢東は、コミンテルン代表も出席している土地委員会で、毛沢東の主張による決議が採択されたという。しかし、それは確認されていない。まちがいのない事実は、その直後に開かれた中共五全大会において、毛沢東的な考え方が拒否されたということである。この五全大会は、四月二七日から五月六日まで、武漢において開かれた。当時の中国共産党員はすでに五万余名、代表も八〇名を数え、いまや共産党は数字のうえでは大政党に成長していた。しかしこの共産党も、この緊急事態にあたっては、ひたすら妥協的な政策をうち出すことしか知らなかった。毛沢東らの意見は、少数派としてしりぞけられた。あるいはこのとき毛沢東は表決権を奪われたともいわれ、あるいは病気と称して数日間しか出席しなかったともいわれる。中小地主の土地没収は禁止された。革命的軍人の家の土地も例外とされた。それは、理論上、合理的・現実的な政策のように思われた。しかし実際には、現場の農村にあって、時間をかけてゆっくり調査でもしないかぎり、実行不可能な案であった。だれが革命的軍人なのかも、よくわからなかった。

国共の分裂

陳独秀らが妥協に心をくばっていたとき、いったん武漢政府のもとにはせさんじていた地方軍閥たちは、反共クーデターの風潮のもと、独自の行動をとりはじめていた。中共五全大会のころ、はやくも唐生智《とうせいち》は反共態度を明らかにした。つづいて五月一七日、夏斗寅《かといん》は、武昌《ウーチャン》において反共行動を起こした。さらに五月二一日、許克祥《きょこくしょう》は、長沙《チャンシャー》において軍事クーデターを起こし、共産党員や農民運動活動家を逮捕・処刑した。毛沢東の新民学会以来の同志であった羅学瓚《らがくさん》も殺された。中国では二一日のことを馬日《ばじつ》というので、これを「馬日事件」と呼んでいる。毛沢東は、ただちに農民の武装自衛軍を集め、反撃を試みようとした。しかし陳独秀は、これを禁止した。陳独秀としては、なお武漢の「革命軍」との激突を回避しようとしたからである。郷紳・地主層の反撃は、ますます活発となってきた。

この間、モスクワのコミンテルン中央は、第八回の中央委員会総会を開き、中国問題を討議していた。かれらは、いまや労働者や農民を武装することの必要性を確認した。六月はじめ、労農五万の武装の指令が発せられた。ただしコミンテルン中央としては、権力奪取を意味するソビエトの名を用いることは認めず、かつ、国共合作は継続すべきことを指示した。この指示は、陳独秀を憤慨させた。武装といえば近代的兵器によって武装することしか理解していなかった陳独秀は、モスクワがなにも送ってこないのにどうして労働者や農民を武装するのかと考えた。また、とどまれるだけ国民党内にとどまれという指示も、よくわからなかった。陳独秀としては、スターリンが、ただ面子《メンツ》のために国共合作の継続にこだわっているように思えた。事実モスクワにおいても、スターリンは、中国革命指導の誤りを非難するトロツキーの攻撃に手をやいていたのであった。

こういった指導部の混乱状況は、コミンテルン代表のロイがコミンテルン秘密指令を武漢《ウーハン》政府の汪兆銘《おうちょうめい》に見せてしまったとき、最悪の状況に達した。ロイは、武漢政府の国民党左派が、労農五万の武装には協力してくれるものと思い込んでいたのである。しかし汪兆銘は、国民革命の推進には積極的であったが、労農の武装蜂起には恐怖を感ずる人であった。汪兆銘は、コミンテルンや中国共産党の〝陰謀〟を知った。七月一五日、武漢の国民党中央執行委員会は、共産党と分離することを決定した。二七日、武漢政府は、「中国共産党に告ぐる書」を発表し、絶縁を宣言した。八月五日、共産主義者取締令が発せられ、八月八日、中共幹部の逮捕令状が執行された。譚平山《たんへいざん》・林祖涵《りんそかん》・向忠発《こうちゅうはつ》ら武漢にあった共産党員は、脱出した。四年間つづいた国共合作は、ここに終わりを告げたのである。

根拠地理論と軍

八・七緊急会議

中国共産党の指導部は、急ぎ再建される必要に迫られていた。緊急事態にのぞんで、国民党との妥協のみをはかろうとする陳独秀には、もはや中国共産党を指導する資格はなかった。周恩来《しゅうおんらい》・李立三《りりつさん》・張太雷《ちょうたいらい》らが、とりあえず臨時の中央政治局を構成した。コミンテルンからも、ボロディンとロイにかわって、ロミナーゼとノイマンが派遣されてきた。七月末、かれらは急ぎ対策をねった。労働者と農民を武装させることについては、もはや異論はなかった。ただ新しい指導部の頭のなかには、なおロシア型の革命方式がこびりついていた。かれらは、重要な大都市にまず権力をうち立て、これを中心にして武装蜂起を波及させていくことをのみ考えた。その場合、あくまで主力軍は都市労働者で、農民自衛軍は、その補助的役割を果たすことだけが期待されていた。

こうして八月一日の南昌《ナンチャン》武装蜂起が計画された。というのは、当時南昌には広東軍閥の出身で国民党左派の張発奎《ちょうはっけい》指揮下の軍隊二万以上がおり、そのなかには、共産党員葉挺《ようてい》の率いる第一一軍第二四師団、および、共産党に心をよせている賀竜《がりゅう》の率いる第二〇軍がふくまれていたからである。また南昌には、朱徳《しゅとく》の指

南昌蜂起のさい指揮所となった建物

導する雲南《コンナン》・広西《カンシー》出身の学生軍の小部隊も駐在していた。加えて黄琪翔《おうきしょう》の第四軍も共産党に好意的であり、また全軍総指揮官の張発奎の協力も期待された。もし蜂起が成功するならば、中国共産党自身がはじめてもつ軍隊は二〜三万人に達し、これに南昌労働者が合流することも計算に入れられていた。しかし蜂起は成功したが、その後の計画は予定どおりには進まなかった。参加した軍隊はわずか一万余り、あてにした労働者は立ち上がろうとはしなかった。蜂起軍が国民党旗を掲げていたため、事情がすぐにはのみこめなかったからである。反対に南昌《ナンチャン》近辺にあった蔣介石に忠実な部隊は続々と南昌に集中してきた。蜂起の政治的責任者であった周恩来は、八月五日、南昌脱出を決定せざるをえなかった。賀竜《がりゅう》・葉挺《ようてい》の率いる軍は、南に向かった。しかし、この蜂起は、政治的なプログラムのない軍事的冒険主義であったため、南下途中の近辺の農民たちは知らぬ顔をしていた。第四軍・第一一軍の大半も、賀竜・葉挺たちと行動をともにしようとはしなかった。

　南下する賀・葉軍を支援するためにも、軍事的・政治的対策が急ぎたてられる必要があった。瞿秋白《くしゅうはく》・鄧中《とうちゅう》夏《か》・李《り》立三《りっさん》・王若飛《おうじゃくひ》ら二二名は、九江《チウチャン》に集まった。毛沢東の名もその二二名のなかにあった。定数にみたない、そしてまた正規の委員以外も参加した中央委員会拡大会議であったので、この会議を、開催された日付《ひづけ》をとって、「八・七緊急会議」と呼んでいる。

この会議においては、まず賀・葉軍の行動や都市の労働者の武装蜂起を容易にするため、広範な農村地帯において農民の武装蜂起をはかることが決定された。おりから農村においては秋の取り入れがはじまろうとしていたので、その意味もこめて、これは「秋収蜂起《しゅうしゅうほうき》」と名づけられた。これとともに、農民の闘争意欲をもりたてるため、土地革命を一歩前進させ、大・中地主の土地を没収すべきことが決められた。反面、中農や中間的諸階級の共産主義にたいする恐怖心をおもんぱかり、ソビエトのスローガンは用いないこと、国民党の旗は降ろさないことが確認された。そして、すべてこれらの新方針を実行するため、陳独秀に替わって瞿《く》秋白《しゅうはく》が党総書記に起用された。この瞿秋白は、早くから農民運動の積極化をはかり、毛沢東が「湖南農民運動の視察報告」を書いて陳独秀に白眼視されたときにも、あえて毛沢東の側にたって、その単行パンフレットとしての刊行を促進し、「湖南農民革命㈠」には序文をよせたほどの人物であったが、考え方はほぼコミンテルン中央のロシア革命モデル意識に近く、農民運動を重視する場合にも、それが都市労働者の武装蜂起を援助する意味においてのみ重視していたのであった。この瞿秋白が起用されたということは、この「八・七緊急会議」がほぼ、コミンテルン中央の意向どおり動いていたことを意味するといってもよいであろう。

秋収蜂起

この八・七緊急会議において、毛沢東はむしろ右翼日和見《ひよりみ》主義的と批判された。おそらくその五月、毛沢東は全国農民協会の主席に選ばれていたにもかかわらず、結局は陳独秀の要求に譲歩して、あえて農民自衛軍を反共に転じた許克祥《きょこくしょう》軍攻撃に動員しなかった責任が問われたのであろう。しかしその責任は、むしろ陳独秀が負うべきものであった。その直後、毛沢東は、秋収蜂起においても中心的位置を占める長沙《チャンシャー》付近攻撃の責任者、すなわち前敵委員会書記に任命されている。

毛沢東の指揮下には、四つの連隊がくり入れられた。当時としては、かなり強力な軍隊である。第一連隊は、もと武漢《ウーハン》の守備隊で、将校はすべて共産主義者である正規軍であった。第二連隊は、毛沢東自身がつくりあげたもので、安源《アンユワン》の労働者および平江《ピンチャン》・醴陵《リーリン》の農民から成っていた。第三連隊も、毛沢東が組織したもので、平江《ピンチャン》・瀏陽《リウヤン》の農民武装自衛軍を主体としていた。第四連隊は、もと夏斗寅《かといん》の指揮下にあった軍閥軍で、共産党側にいったん服属した部隊であった。

毛沢東は、これらの軍隊を、しだいに長沙周辺に集結していった。党中央は、その軍事行動を支援するために、湖南各地の農民を蜂起させるべきことを指示した。八月二〇日には、農民蜂起を促進するため、みんなから憎まれている土豪・地主を犠牲者に選び、これを血祭りにあげることによって刺激すべきことが命じられた。しかし、農民は容易に立ち上がろうとはしなかった。というのは、第一に、中共中央は、小地主の土地を没収することを禁じていたため、小地主の土地で働いている貧農は解放されないという不公平な状況が生じ、農民の意気はあがらなかった。第二に、中共中央は、ソビエトのスローガンをかかげなかったため、農村における権力は、あいまいな状況下におかれていた。第三に、中共中央は、なお国民党の旗を用いるべきことを命じていたため、農民の目には、国民党と共産党との区別がつかなかった。しかもかれら農民は、国民党の残酷な共産党狩りを目の前に見ていた。このため、たとえ一時的に共産党側が村の権力を把握しても、後難を恐れて、土豪・劣紳の血祭りには参加しようとはしなかった。当時の中共中央機関誌の現地報告にも、ひとりの土豪を殺しあぐねた村民たちが、そのまわりをうろうろ歩き回っている状況を、詳細にえがき出しているものがある。このとき毛沢東は、秋収蜂起と同時に、農民ソビエトの即時樹立の必要性を進言したが、党中央には受け入れられなかったといわれる。

ところで秋収蜂起は、九月八日発動された。九日から一二日にかけて、毛沢東指揮下の各部隊はよくたたかい、長沙の郷紳たちをふるえあがらせた。しかし国民党軍も行動を開始した。数日のうちに、第二連隊はその半数以上を失った。加えて、第四連隊は、もと軍閥軍として、国民党側に寝返ることを得策と考えるにいたった。このため平江《ピンチャン》に進撃中の第一連隊は、背後から第四連隊の攻撃を受ける羽目《はめ》となった。いまや毛沢東は、革命の退潮期であることを、実感をもって把握した。毛沢東自身、一時は地主側の自衛団につかまり、かれらが毛沢東の顔を知らなかったのを幸い、金で買収して、あやうく死地をのがれる始末だった。ここで毛沢東は、無用な長沙攻撃の中止を命令した。これ以上大都市攻撃に向かうことは、いたずらに犠牲者を増加するだけだったからである。

しかし瞿秋白《くしゆうはく》らの党中央は、あくまで都市の攻撃続行を命じた。当時、賀・葉軍は潮州《チャオチョウ》・汕頭《スワトウ》に迫りつつあり、海陸豊《ハイルーフォン》においてもまた、彭湃《ほうはい》らが県城攻撃を計画していたからである。瞿秋白らは、なお革命が高潮期にあると信じていた。

井岡山《チンカン》へ

しかし毛沢東は、単独退却を開始した。九月一九日のことである。途中、脱走者はあいついだ。当初四つの連隊から成っていた部隊も、いまや半数以下となっていた。九月二九日、部隊は江西省寧岡《ニンカン》県の三湾《サンワン》に到着した。ここで毛沢東は、帰郷を願う者には、五元の旅費をあたえて家に帰らせ、そして残った一〇〇〇人を二つの大隊に再編した。同時に、中隊以上には党代表（のちの政治委員）をおき、政治教育にあたらせるとともに、兵士委員会を組織し、将校と兵士との現実的な平等関係を検討させた。ここに毛沢東の部隊は、面目を一新した。兵力はわずか一〇〇〇名にすぎなかったが、毛沢東は、これを工農革命軍第一軍第一師団と称した。これが有名な「三湾改編」である。

こうして毛沢東は、国民党の手の及ばない地域、井岡山《チンカン》に向かった。

この井岡山は、江西省と湖南省の省境にあり、羅霄《ルオシャオ》山脈のなかほどに位置していた。その地区の広さは、南北四五キロ、東西四〇キロ、周囲二七五キロで、山の高さは一五〇〇ないし一七〇〇メートル、そのなかには三〇〇ないし四〇〇の人家、約二〇〇〇人の人が住んでいた。こういった省境地帯は、伝統的に中央・地方の政治権力が及ばないことが多く、それだけに秘密結社・山賊などの勢力範囲になることが少なくなかった。毛沢東は、この井岡山に根城をかまえていた袁文才《えんぶんさい》・王佐《おうさ》らと、人を介して連絡をとり、一〇月一〇日

井　岡　山

かれら六〇〇人と合流した。こういった人々は、歴代の中国政府の圧政にたえかねて故郷を捨てたような人が少なくなく、その主力も農民出身者で占められていたため、その意識は保守的ではあったが、なお革命軍と共通のものをもっていたのである。

しかし党中央は、毛沢東のこのような行動を認めなかった。当時かれらは全力をあげて都市の攻撃を計画しつつあり、少しでも多くの兵力が共同作戦に参加することを望んでいた。瞿秋白《くしゅうはく》らの目から見ると、毛沢東の行動は、憎むべき退却主義に思われた。同年一一月、新しい中共中央の臨時拡大会議が開かれ、右翼日和見主義者とみられた幹部は整理された。譚平山《たんへいざん》は除名され、陳独秀も党内の発言権をすべて奪われた。そして毛沢東も政治局員候補と前敵委員会書記の地位を解任された。反面、九月に決定していたソビエトのスローガン採択が確認され、あらためてすべての地主の土地を没収すべきことが指示された。

毛沢東は、右のような党中央およびコミンテルン中央の指示が、理論的観念論や抽象的論争に災いされて、現実の進行より時期が遅れ、実際には無意味なものとなっていることを知っていた。また、党内における形式的地位が、決定的意味をもつものでないことも知っていた。毛沢東は、あえて自分自身の道を進んだ。一一月には湖南省境の茶陵《チャーリン》に最初のソビエトが樹立された。つづいて翌二八年二月には、寧《ニン》岡《カン》・永新《ヨンシン》・遂川《ソイチョワン》などにも党委員会がつくられた。これらの地域においては共産主義者が指導権を握っていたが、土豪・地主をみせしめのために殺害するようなことはおこなわれなかった。この間、党中央においては、あくまで都市占領を目ざす左翼的冒険主義がくりかえされ、貴重な中共軍の主力は、広州《コワンチョウ》、あるいは海陸豊《ハイルーフォン》において壊滅していった。都市において国民党の近代武力にたち向かうということは、実際上、自殺行為にほかならなかったのである。

湖南省委員会との対立

しかし党中央は、いぜんとして毛沢東の行動を是認しなかった。党中央は、毛沢東の地位をさらに落とし、杜修経《としゅうけい》や楊開明《ようかいめい》ら毛沢東のはるか後輩から成る湖南省委員会を、毛沢東の上においた。毛沢東の率いる軍が共産軍である以上、党中央の威令はなお大きかった。これからのち半年のあいだ、毛沢東は、これら若い指導部の机上の空論的な指導に苦しめられなければならなかった。

こういったとき一九二八年の春、弟の毛沢覃《もうたくたん》が井岡山《チンカン》にやってきた。朱徳軍の使者としてである。当時朱徳軍は、賀・葉軍が汕頭《スワトウ》で敗北したとき約二〇〇〇の兵力を残して山のなかに逃げこみ、その後、一時朱徳と同郷の雲南軍と合流したこともあったが、まもなく党の命令で分離し、省境地区を転戦しつつ井岡山に向かって行った。そしてその途中、土地革命を宣伝することによって農民の義勇兵を加え、兵力も強化されていた。五月、朱徳軍は毛沢東の軍隊と合流した。朱徳の補佐には陳毅《ちんき》がおり、また林彪《りんぴょう》も若い大隊長として、その軍中にあった。両軍はここに編成を組みなおし、工農紅軍第四軍と称することになった。第四軍とは、北伐中に勇名をはせた国民革命軍の第四軍の名であり、その一部は、この井岡山《チンカン》にまで生き残っていたからである。軍長(司令)には朱徳がなり、毛沢東は政治委員(党代表)となった。また省境地区特別委員会と軍事委員会とが組織され、毛沢東と陳毅《ちんき》とが、それぞれ書記となった。井岡山の紅軍は飛躍的に強化され、六月から七月には、攻めよせてきた地方軍閥軍の一八個連隊を、地形を利用して、大いにうち破った。

しかし湖南省委員会は、この辺境地区における軍事行動にも干渉してきた。たとえば、省委員会書記の楊開明は、毛沢東の出撃中にこの地区に来て、特別委員会書記の名を用い朱徳の下の二つの連隊に出撃を命じた。省委員会としては、元来、朱・毛軍がもっと広範囲に軍事活動を拡大することを希望していたからである。もともとこの地の出身者ではなかった二つの連隊の将兵たちも、望郷の念もあって、井岡山を出撃した。しかし、周辺の国民党系の軍閥軍は、なお強力であった。第二九連隊は、雲南軍と衝突して敗北し、潰《かい》走《そう》の途中、山賊に襲われて、ほとんど全滅した。第二八連隊のほうは、毛沢東の指令によって増援に向かった部隊と合流し、井岡山に帰った。これを「八月の失敗」という。

毛沢東は、実際の場を知らない党幹部の指導を排除していった。井岡山周辺にあっては、共産党員の大部分も、毛沢東のほうを支持した。一〇月中旬には、省境地区の共産党第二回代表大会が井岡山地区の中心茅坪《マオピン》において開かれ、毛沢東を中心とする組織が確立された。このとき毛沢東がおこなった報告「政治問題と省境地区の党の任務」の一部が、今日『毛沢東選集』に収録されている「中国の赤色政権はなぜ存在することがができるか」である。われわれは、この報告と、同年一一月党中央にあてられた報告「井岡山の闘争」、および、翌二九年一二月の赤軍第四軍第九回党大会決議「党内の誤った思想をただすことについて」をあわせて読むとき、当時の毛沢東の考え方を知ることができる。

毛沢東の独自性

すでにのべたように、毛沢東は、歴史を動かす力として民衆を信じていた。また、その民衆の目ざめた部分、すなわちプロレタリアートを代表する中核として、共産党の存在を肯定していた。しかし現実には、民衆や党は、そう単純には理想のすがたをとってあらわれてはこなかった。

革命退潮期の民衆について、毛沢東は、つぎのようにいっている。

「われわれは、この一年来、各地を転戦してみて、革命の全国的退潮を深く感じている……赤軍の行ったところではどこでも、大衆はひっそりとしていて、宣伝がおこなわれたすえに、ようやく立ち上がってくる。敵軍とたたかう場合、それがなんという軍であろうと、敵軍の内部に寝返りが起こったり反乱が起こったりすることはないので、力ずくのたたかいをしなければならない。……われわれは深い寂莫《せきばく》を感じ、このような寂莫の生活が終わることを願わないときはない。」

民衆を立ち上がらせるには、土地革命という武器があったはずである。しかしこのころには、土地革命の実行にも重大な欠陥があって、とくに中間的農民層を離反させていた。というのは、当時の土地革命のやり方は、いったんすべての土地を取り上げ、あらためて耕作農民に再分配する方式だったため、地主はもちろん富農層にも打撃をあたえる結果となり、いわゆる中間的農民層は不安にかられていたのである。また、毛沢東は、毎月一万元にのぼる赤軍の食費は、主として土豪・地主からの徴収金でまかなっていたが、それでも土地の住民に二〇パーセントの土地税を課することは、どうしても必要であった。加えて、強力な国民党軍がしばしば辺境地区に進出してきたことは、農民に旗色を鮮明にすることをためらわせた。こういった事情から、農民の大半は、共産党に好意はよせていたものの、みずから積極的に立ち上がろうとはしなかったのである。

他方、民衆の英知の結晶であるべき共産党も、理想からはほど遠かった。中央党部においては空理空論的な論争が果てしなくつづき、地方党部においては、戦局の有利・不利ごとに、入党したり寝返ったりする投機分子に悩まされた。毛沢東は、このころ、党中央にたいして、もっと現実的な軍事行動に注意を払うよう進言している。またソビエト区においても、権威をあたえられた共産党員が、そのあるべき立場をこえて、直接行政に口を出したりすることのないよう注意している。すべてこれらの事実は、共産党というものに関し、理論と現実とがくい違っていることを物語っていた。

こういった状況は、毛沢東を深く考えこませたに違いない。たしかに民衆は歴史を動かす力である。しかし民衆をただ観念的にとらえてこれを絶対化し、これに依存し、そして民衆にすぐにはできないことを要求しつづけていても、なにもできない。また、共産党は、民衆を正しく導き、真にプロレタリアートの利益と理念を代表するものとして成長していかなければならない。しかし既成の共産党が、まだまだ不完全なものである以上、既成の党組織と同時に、党と同様な機能を果たしうる党的組織を求めていかなければならない。こうして毛沢東が到達した一応の結論は、軍を重視するということであった。

この毛沢東が軍を重視するという考え方は、日本や欧米諸国においては、しばしば誤解の的となっている。とくに戦後、軍国主義の悪夢から解放されたばかりの日本にあっては、毛沢東路線非難の一つの根拠とされている。たしかに日本や欧米において、いわゆる軍が発言権を強化することは危険である。軍国主義に反対することは、まったく正しい。しかし中国共産党、そして毛沢東路線における軍の概念は、日本や欧米のそれとはまるで違う。それは、現実主義者である毛沢東が、当面革命を推進するために第一に必要と考えた組織であり、同時に、明日の世界を指向する質的可能性を内含するものとして把握した組織であった。

ソビエト区における軍

すなわち、中国における闘争は、まず軍事闘争であった。とうぜん、省境地区における闘争も、第一に軍事的闘争であった。ここにおいては、大衆も共産党も、軍事化される必要があった。いいかえるならば、民衆のなかの目ざめた部分はまず兵士となってたちあらわれ、また、共産党の精鋭部分は、軍のなかの党部としてその片鱗《へんりん》をあらわした。軍がなければ、土地革命も、民主化も、そして反帝国主義運動もできなかった。軍はまず軍閥や国民党の軍隊を追い出し、地主の権力をおさえて、そののちに、党やソビエト政府を建設しなければならなかった。まず勝つこと、それが至上命令であった。

しかも軍は、その大きな役割を果たすため、軍事面以外においても指導性を発揮する必要があった。そうでなければ民衆を立ち上がらせ、ソビエト政府を建設することはできなかった。当時の中国の赤軍は、そのような面でも可能性をもっていた。というのは、赤軍は、従来の中国の軍隊とは異なり、多額の給料はもらえなかった。〝略奪の楽しみ〟もなかった。しかも戦闘は常に劣勢で、危険なことが多かった。このようななかにあってたたかうには、かれらが明日の歴史をつくるのだという使命感をもつこと、しかもその使命感が、日々の実践のなかで確認されつづけることが必要であった。赤軍内において政治教育が重視され、また将校と兵士との平等といったような民主主義の実践が強調されたのも、そのためである。もちろん赤軍といっても、最初から理想的な軍隊であったわけではない。そこには、中国の軍隊に根強い流賊的思想もあった。軍事重視というと、軍事的観点からだけしか物事を考えない傾向もあった。民主化というと、観念的に絶対的平等主義を主張する知識分子的観念論もあった。しかし、現実のたたかいの場にあって、その誤りは実践的に克服されていった。生命をかけてたたかう以上、いいかげんな態度は許されなかった。わずか数年のうちに中国赤軍は、見違えるような軍隊に生まれ変わっていった。こういった雰囲気は新しく赤軍に参加したり、降伏してきた人

前進する赤軍

をも、まきこんだ。「赤軍兵士の大部分は、雇い兵からきているが、赤軍にはいるとすぐ質が変わる」、「赤軍はるつぼのようなもので、捕虜《ほりょ》の兵士がはいってくると、たちまちとかしてしまう」と毛沢東は語っている。有名な三大項目、八大規律も、こうしてできあがっていった。それは、中国共産軍を従来の中国軍とはまったく違ったものにすることに大きな役割を果たした。その内容は、一九二八年の春以後、しだいに形を整えていった。最初、毛沢東は、第一に、行動は指揮にしたがうこと、第二に、労働者や農民のものは何一つ取らないこと、第三に、土豪から取り上げたものは公のものとすることという、三項目の規律を定めた。そして二八年の夏、この三項目の規律は、一、寝具用に借りた戸板はもとどおりはめておく　二、寝具用に借りたわらはもとどおりくくっておく　三、言葉《ことば》づかいはおだやかに　四、買い物は公正に　五、借りたものは返す　六、こわしたものは弁償《べんしょう》する、という六つの注意事項をかかげた。そののち、六つの注意事項には、一、入浴は婦人の目のとどかないところで　一、捕虜のかくしには手をつっこまない　の二項目がつけ加えられた。人をののしったり、なぐったりすることも厳禁された。軍が党の原型としての性格を有する伝統は、こうして歴史的に形成されてきたのである。

根拠地理論の確立

民衆の前衛を軍に求める発想は、空間的意味においては、毛沢東独特の根拠地理論を生み出した。それは、中国革命を推進するときの原点となるとともに、現実の、根拠地としての実質を備えるものでなければならなかった。ここにおいても毛沢東は、マルクス主義の一般論からは自由であった。革命推進のための根拠地は、都市ではなく農村にある。農村のなかでも、国家権力の及びにくい省境地帯にある。その省境地帯に、第一に完備した陣地を築き、第二に十分な食糧をたくわえ、第三に比較的よい病院をもつ根拠地を建設することを第一歩とする。毛沢東の考え方は、どこまでも中国の現実に即して、具体的であった。

しかも、毛沢東は、この根拠地を固定的には考えなかった。この根拠地は時と場合によっては動くものであり、拡大するものであり、また拡散するものであった。一点の軍事根拠地は、たちまち一連の防衛線となり、さらに、一定地域のソビエト区に発展した。それは、どこまでも敵味方の力関係、全般的状況に応じて変化し、流動するものであった。軍事的に指導権を握り、経済的に土地革命を推進し、思想的に民心をつかまないかぎり、不用意に根拠地を拡大することは、冒険主義とみなされた。

以上のように毛沢東は、軍と根拠地とに関して、独自の戦略と思想とを育てていった。しかし、このような毛沢東の根拠地理論は、そのままでは全国的規模、全中国的なスケールにおける革命運動には直結しなかった。軍がどうして党に発展していくか、また、根拠地がどうして全中国に拡大しうるか、当時の毛沢東には、なお未解決であった。そして、それは、実際の経験によって習得していくよりほかはなかったのである。

長征の道

毛沢東が「井岡山の闘争」を書いていたころ、毛沢東のもとに一連の重要文書が送られてきた。中共六全大会の諸決議である。

中共六全大会

この六全大会は、中国を脱出した十数名の代表たちによって、一九二八年夏、モスクワにおいて開かれたものである。もちろん、毛沢東は参加していなかった。この大会は、一九二七年後半から二八年前半にかけての武装蜂起の失敗を反省した。そして指導者であった瞿秋白《くしゅうはく》はその責任を問われ、党書記の地位を追われた。新しい党書記には、かつて二年間ソ連に留学し、帰国後湖北《フーペイ》省総工会において活躍した向忠発《こうちゅうはつ》が選ばれた。大会は、労農大衆の獲得、土地革命の深化、中国赤軍の建設、ソビエト区の拡大強化などを新しい政策の方針として決定した。それは、事実上、毛沢東の行動を是認したものであった。毛沢東の中央委員としての職権もここに回復された。しかし、それにもかかわらず、大会諸決議の基調は以前と変わってはいなかった。都市の労働者を重視する考え方は、新指導部の頭のなかを占めていた。中間的諸階級に打撃をあたえる方針も、変更されていなかった。民族ブルジョアジーはあげて敵とされ、富農もまた抑圧の対象とされた加えて、革命の高潮期がおとずれたならば、大都市攻撃が再開されるべきことも、自明の前提とされていた。すべてこれらの欠陥は、当時のコミンテルン中央が、八・七緊急会議の失敗の原因を真に探求せず、責任を瞿秋白ひとりに押しつけて、口をぬぐってしまったその態度から生じたものといえよう。かれらは、中国における民主主義革命の長期性と複雑性とを理解していなかったのである。向忠発以外の中共中央指導部には、李立三《りりつさん》(宣伝)・周恩来《しゅうおんらい》(軍事)・劉少奇《りゅうしょうき》(工人)・彭湃《ほうはい》(農民)・李維漢《りいかん》(組織)などが起用された。しかし党の指導権は、実質的には宣伝部長の李立三の手中にあった。向忠発は年齢こそ上であったが、中国労働運動の指導にあっては、李立三のほうが先輩であり、経験も豊かだったからである。

李立三路線

中国に帰国した李立三たちは、中国の現実に直面し当惑した。中国の都市労働者の組織は、続々と国民党政権下の労働行政下に組み入れられつつあったからである。資料によると、当時、共産主義者の指導下にあった労働者は、上海に二〇〇〇人、武漢《ウーハン》に一〇〇〇人程度だったといわれる。李立三は焦《あせ》った。かれは、もっと共産党の主張を宣伝する必要があると考えた。かれの目には省境地区に割拠している毛沢東たちは、あまりにも消極的に思われた。李立三は、各地の中国赤軍部隊が、分散して遊撃戦を展開し、ソビエト区を拡大し、共産党の主義を宣伝するよう要求した。

このころ毛沢東は、六全大会の諸決議を読んでいた。かれは六全大会の決定に、原則的には同意した。それは、農民闘争の重視とソビエト区の拡大・深化、中国赤軍の強化を指示していたからである。湖南省委員会に対立していた毛沢東の立場は、むしろ党中央によって是認されたような形となった。一九二八年冬以来、「党内の調和がふたたび確立されました」と毛沢東は語っている。

しかし毛沢東は、李立三の兵力分散の方針には賛成しなかった。中国赤軍は都市労働者の暴動を促進するための、単なる補助的宣伝隊ではない。加えて、毛沢東の目から見ると、党幹部は、あまりにも中国の軍事情勢を知らなかった。党中央にあてた書簡のなかで、毛沢東は、つぎのように主張した。

「われわれがこの三年来の闘争のなかで得た戦術は、古今東西の戦術とはまったく違ったものである。……かいつまんでいうと、つぎのとおりである。『兵力を分散させて大衆を動員し、兵力を集中して敵に対処する』『敵が進んでくればわれわれは退き、敵がとどまればわれわれは悩ませ、敵が疲れればわれわれは襲い、敵が退けばわれわれは追いかける』『固定した地域の割拠を波状的に広げていく政策をとる。強敵が追いかけてくれば、ぐるぐる回る政策をとる』『短い時間に、すぐれた方法で、多くの大衆を立ち上がらせる。』このような戦術は、ちょうど投げ網をうつようなもので、いつでも網を広げ、またいつでも網をひきしぼるようにする。広げては大衆を獲得し、しぼっては敵に対処する。三年このかた、使ってきた戦術はすべてこれである。」

いかにも毛沢東らしい現実主義といえよう。しかし同時に毛沢東は、ただ軍事的に革命根拠地を確保しているだけでは中国革命は実現しないことを知っていた。ソビエト区の闘争は、全国的規模の革命高揚に結びつけられる必要があった。列強の共同侵略による中国の半植民地的状態、軍閥の群雄割拠による中国の分裂的状態、地方軍閥の流動による地元住民からの浮き上がり状態などは、まず一省ないし数省で、ソビエト区が爆発的に拡大していく可能性を示していた。消極的な同志にたいして毛沢東は、つぎのように警告した。

「闘争が発展したので、われわれは山を離れて平地へ移り、われわれの身体は早くから山を下《お》りているが、しかし、われわれの思想はあいかわらず山の上にある。われわれは農村を知らなければならないが、都市も知らなければならない。そうでなければ革命闘争の必要にこたえることはできない。」

ちょうどこのころ世界に大恐慌が起こった。一九二九年一〇月、アメリカのウォール街で株の大暴落がはじまったのである。同時に、中国においては、馮玉祥《ひょうぎょくしょう》の蒋介石にたいする挑戦が表面化していった。これは、蒋介石の中央集権化政策にたいする地方大軍閥の反撃であった。コミンテルン中央は、これを好機到来と考えた。一〇月二六日、コミンテルン中央は李立三《りりつさん》に書簡を送り、「新しい革命の高まり」について注意を喚起した。翌三〇年四月、山西《シャンシー》の閻錫山《えんしゃくざん》と広西《カンシー》の李宗仁《りそうじん》は馮玉祥と提携し、大規模な反蒋戦争を開始した。激戦は一〇月までつづき、死傷者の数は三〇万人にのぼったといわれる。このような状況を眼前に、李立三は、いまや一省ないし数省において権力を獲得することが可能と考えた。当時駐華コミンテルン代表のミフがモスクワに送った報告によると、中国赤軍の数も六万人をこえるほどに成長していた。六月一一日、李立三は、大都市攻撃を主要内容とする中共中央政治局決議を採択した。いくつかの軍が統合されて軍団が組織された。毛沢東を政治委員とし、朱徳が率いる第一軍団は南昌《ナンチャン》を、彭徳懐《ほうとくかい》の率いる第三軍団は長沙《チャンシャー》を、賀《が》竜《りゅう》の率いる第二軍団は武漢《ウーハン》を、それぞれ攻撃目標にあたえられた。

このころ毛沢東は、一年来、井岡山を下りて、各地のソビエト区建設に力を注いでいた。一時はマラリアにかかり、生命の危険なときがあったものの、全般的には、着実に赤軍の遊撃戦区を拡大していた。こういったとき李立三の指示に接した毛沢東は、かなり迷ったらしい。毛沢東としては、赤軍の後方にあってソビエト区の治安を維持すべき赤衛隊まで根こそぎ連れて行く方針には反対であった。また同時にいくつかの大都市を攻撃する作戦方針にも疑問をもっていた。しかし、いずれ農村から都市に進出する必要のあることは、毛沢東も認めていた。また、全国の革命情勢がどのようなものであるかは、党中央の情勢判断によるほかはなかった。加えて毛沢東は、六全大会の戦術方針を推進する党中央に、正面から対抗する考えはなかった。毛沢東と朱徳もまた、赤軍に出動を指示した。

長沙攻撃

一九三〇年夏の大都市攻撃は、まず彭徳懐《ほうとくかい》軍の長沙占領をもって開始された。国民党軍のすきをついた彭徳懐は、ここを七月二八日から一〇日間保持して、多額の軍費と大量の武器弾薬を入手した。しかし、国民党軍が本格的に出動してくると、装備の劣る赤軍の困難は倍加した。八月一日、朱徳・毛沢東の第一軍団は、南昌《ナンチャン》を総攻撃した。しかし防御陣地は固く、近代的兵器で装備されていた。砲火をおかして突撃をくりかえした赤軍の兵士たちは、〝秋の木の葉の散るように〟ばたばたとたおれていった。二四時間の攻撃ののち、第一軍団は攻撃を中止した。そして党中央の指示にしたがって、西方の武《ウー》漢《ハン》攻撃に転じた。その途中、第一軍団は、長沙から徹退してきた彭徳懐の第三軍団と出会った。ここで両軍団は合流し、まず長沙を奪回することとした。九月一日、長沙攻撃は再開された。しかし長沙はすでに固く守られていた。包囲軍が当時の中国赤軍の最大最強の部隊であったにもかかわらず、長沙は陥落しなかった。犠牲者は増加の一途をたどった。このような状況では、たとえ毛沢東たちが一時的に長沙を占領することができたとしても、これを長期間保持することは不可能に思われた。大都市占領は、実力からいって、まだ早すぎたのである。一三日後、毛沢東は全軍の退却を命令した。軍内には攻撃続行論も少なくなかったものの、毛沢東はこれをおさえた。もちろん李立三からは、きびしい長沙攻撃再開の命令がとどけられた。すでに李立三は、八月末から、その戦術方針をコミンテルンから批判されはじめ、焦《あせ》りぬいていたのである。しかし毛沢東は、退却をつづけた。途中富田《フーテン》において、毛沢東の指導に反対する部隊の反乱行為が生じたが、毛沢東は、彭徳懐《ほうとくかい》の支持を受けてこの難局を切り抜けた。

江西《チャンシー》省・湖南《フーナン》省省境のソビエト区に帰った毛沢東は、ふたたび勢力の挽回《ばんかい》につとめた。しかし、誤った作戦指導の犠牲は大きかった。数千人の同志は、ふたたび帰らなかった。加えて、故郷にあった妻の開慧《かいけい》は、「匪賊《ひぞく》の頭目」の妻として捕えられ、処刑された。

他方、大都市攻撃を指導した李立三は、コミンテルン中央の批判するところとなり、モスクワに召喚《しょうかん》された。ここでも敗北の原因は徹底的に究明されることなく、失敗の責任はすべて李立三個人に向けられた。またもや指導部の交替がおこなわれ、新しい最高指導者には陳紹禹《ちんしょうう》・秦邦憲《しんぼうけん》・張聞天《ちょうぶんてん》らが起用された。かれらは、おりから中国に派遣されたミフのモスクワにおける教え子たちで、マルクス－レーニン主義の理論には

国民政府の討共軍

長じていたが、中国における経験はまったくない人々であった。コミンテルン中央の見解では、李立三の失敗の主たる原因は、情勢分析における非現実性にではなく、マルクス主義理論の理解不十分にあったというわけである。しかし、この間にも、江西省《チャンシー》を中心とする中央ソビエト区には、国民党軍の「共匪《きょうひ》」討伐戦が開始されようとしていた。

国民党の討伐軍撃退

第一回の共産軍包囲討伐戦は、一九三〇年一二月におこなわれた。このときには、魯滌平《ろてきへい》の指揮下に地方軍閥軍一〇万人が動員された。朱徳・毛沢東たちは、これをソビエト区に深くひき入れて、その弱い部分を見いだし、各個撃破の形でこれを破った。六〇〇〇以上、一万に達するといわれる小銃が戦利品として手にはいり、また、はじめて無線機が毛沢東たちの手に渡った。つづいて第二回の包囲討伐戦は、何応欽《かおうきん》の指揮下に二〇万人に近い兵力を動員しておこなわれた。このときも孫連仲《そんれんちゅう》・王金鈺《おうきんぎょく》らの地方軍が主力であった。赤軍は前回同様これをソビエト区内にさそいこみ、ふたたびこれを撃退した。小銃二万とさまざまな戦利品が毛沢東の手にはいった。共産軍の頑強なことを知った蔣介石は、第三回には、直系の中央軍一〇万人を中核とし、総勢三〇万人の兵力をもってソビエト区に進撃した。第二次討伐戦が終了してから一か月余りしかたっていなかったため、赤軍は不意をつかれて一時混乱したが、まもなく立ちなおり、各地区に展開して防戦につとめ、ふたたび討伐軍に二万以上の損害をあたえた。しかし国民党軍の主力はなおもソビエト区内に進出をつづけ、たたかいは激烈をきわめたが、おりから九月一八日、日本関東軍の「満州」侵略が開始され、第三次討伐戦は中止された。

これらのあいつぐ戦勝の結果、毛沢東は、三万人の正規の赤軍を中心に、一〇万人に達する赤衛隊の武装を固めることができた。これは、毛沢東の作戦指導が、きわめて実際的であったことに一因するものであった。すなわち、毛沢東は、討伐軍が雑多な軍閥軍のよせ集めであることを見抜き、これをソビエト区にさそいこみ、その弱い部分をつかみ、そこに赤軍の力を集中させて、一つ一つ全滅させていった。ソビエト区内におけるたたかいは、民衆の支持があるかぎり、情報網はいっそう完全なものとなり、敵を分断し、味方を集中させるのに有利であった。いわゆる、「戦略的には一をもって一〇にあたるが、戦術的には、一〇をもって一にあたる」方針の実行である。これにたいして蔣介石は、当初は共産軍の力を過小評価し、むしろこの機会に地方軍閥軍に共産軍討伐をやらせ、両者の同時的消滅をはかることにより漁夫の利を得ようとはかっていたのである。

瑞金《ロイチン》政府の成立

この間に江西《チャンシー》の中央ソビエト区は、二一の県に及ぶ人口二百万人以上の規模の地域に拡大していた。同様なソビエト区は、湖北《フーペイ》・四川《スーチョワン》・陝西《シエンシー》など各地に、徐々に拡大しつつあった。さらに日本が「満州」侵略を開始したことは、蔣介石のエネルギーをそちらのほうに分散せしめ、ソビエト区に一種のゆとりをあたえていた。ここで中国共産党は、一九三一年一一月、江西《チャンシー》省瑞金《ロイチン》に各地の代表を集め、第一回の中華ソビエト区域代表大会を開催することとした。

上海の党中央からは周恩来《しゅうおんらい》らが派遣され、大会を準備した。党中央としては、ソビエト区にたいする統制力を強化しようと望んでいたのである。ただし江西の中央ソビエト区における毛沢東の指導力は圧倒的であった。ここに設立された臨時ソビエト政府、すなわち瑞金政府の主席には、とうぜん毛沢東が推された。中国共産党における最初の憲法、および、土地法・労働法なども制定された。

こうして毛沢東は、瑞金政府の行政に大きな責任をもつこととなった。もちろん共産党としては、このように本格的に行政に取り組むのははじめての経験であった。毛沢東は、まず調査ということの重要性を強調した。とくに土地革命推進のための農村調査には、多くのエネルギーがさかれた。すでに井岡山《チンカン》の経験以来、すべての土地を没収して再分配する方式は、中農層にも不安をあたえることがわかってきていた。また、富農層に打撃をあたえる土地革命が現実的なものかどうかということについても疑問がよせられていた。一九三〇年一〇月以来、毛沢東は農村調査をくりかえした。三一年にかけて、江西《チャンシー》ソビエト区における土地政策は、全農民の土地をいったん没収する政策から、地主・富農の土地のみを没収して再分配する方式に変わっていった。また、富農にたいしても、「やせた土地」という条件づきではあったが、現実に反革命でないかぎり土地をあたえるという方向に変わってきた。それは、農民の意欲を向上させ、共産党にたいする協力を積極化させるためにも必要な政策であった。

　こういった毛沢東の政策は、新しい中共中央の批判を呼び起こした。若い理論家たちは、これを富農路線といって非難した。加えて、第三次包囲討伐戦における反撃がおくれたことも問題とされ、毛沢東の戦術はあまりにも消極的であると批判された。陳紹禹《ちんしょうう》や秦邦憲《しんぼうけん》たちは、むしろソビエト区域外に進出し、国民党軍が攻撃体制を整えるまえにこれを撃破すべきことを主張した。李立三時代からの党軍事部長である周恩来も新指導部の見解を支持した。

　一九三二年秋から三三年はじめにかけて、江西ソビエト区指導体制にいくつかの重要な変更が加えられた。毛沢東はスノーに、「一九三二年の一〇月から西北への長征がはじまるまで、私は軍の指揮を朱徳その他の人たちにまかせて、自分の時間のほとんど全部をソビエト政府の工作にあてました」と語っている。この間の事情は、まだ十分には明らかにされていない。とにかく軍の最高指導権は、最初周恩来、後には秦邦憲・リトロフにゆだねられた。リトロフというのは、ドイツ人で、コミンテルンから派遣された軍事専門家である。また、この間、上海《シャンハイ》における中共中央は壊滅した。それは、一つには、国民党および租界警察の〝共産党員狩り〟がきびしくなったこと、一つには、第一次上海事変で福建の一九路軍が日本軍と衝突したとき、中共中央は一九路軍を援助しようとせず、人心を失ったためである。向忠発《こうちゅうはつ》や蔡和森《さいわしん》らの重要幹部も、この時期に逮捕され、処刑されている。その結果、秦邦憲新書記をはじめ党中央の大部分は、上海から江西ソビエト区に移ってきた。他方、陳紹禹《ちんしょうう》ら一部の指導者たちは、ウラジオストクを経てモスクワに向かった。

おりから蔣介石は、第四回の共産軍討伐戦を開始した。これは蔣介石の直系軍たる中央軍を中核に、すべてで五〇万人を動員した本格的な討伐戦であった。それは、一九三二年七月にはじまり、まず湖北《フーペイ》における賀竜《がりゅう》軍や徐向前《じょこうぜん》軍を追うことによって江西中央ソビエト区を孤立させ、これに強力な圧力をかけようとするものであった。これにたいして周恩来らは、ソビエト区域外に出て国民党軍の一部を待ち伏せする戦法を用い、第一縦隊の二個師団を撃滅した。新指導部の意気は大いにあがった。このとき前と同じくソビエト区域内に敵を迎え撃とうとした羅明《らめい》は、「逃走主義者」と批判され、全党あげての〝闘争〟の対象とされた。このとき毛沢東の弟の毛沢覃《たくたん》も、いわゆる「羅明路線」の支持者であったといわれる。

査田運動

第四次討伐戦にたいする積極的な反撃がおこなわれていたころ、毛沢東は、しばしばマラリアを再発させ、病床にあった。毛沢東としては、自分の戦術とは異なるものの、新指導部の「前進と進攻」の路線の成功は認めないわけにはいかなかった。当時の毛沢東は、第四次討伐戦にたいする防衛戦術を高く評価している。そして病気の治《なお》った毛沢東は、赤軍の後方を安心なものとするためにも、経済工作・土地革命に全力をあげた。こういった状況は、一九三三年一〇月、第五回目の討伐戦が開始された後にもつづいた。

すなわち、毛沢東は、同年八月、経済建設工作の重要性を力説するとともに、第二回目の本格的な農村調査をおこなった。そして、この「才溪郷《ツァイシーシャン》」調査として知られる経験に立脚して、九月、大規模な「査田《さでん》運動」を指示した。査田運動というのは、文字どおり、土地革命の実施後の実情を具体的に調査する運動である。つづいて一一月、毛沢東は、第三回目の農村調査として長岡郷《チャンカンシャン》調査をおこなった。まさに「調査なくして発言権なし」の考え方を、具体的に実践したわけである。

この一九三三年後半から三四年前半にかけての毛沢東の言動は、新指導部の人々の言動とよく似ている。一九三四年一月には、第二回中華ソビエト代表大会が瑞金《ロイチン》に開かれているが、ソビエト政府主席としての毛沢東の発言は、新指導部の秦邦憲《しんぽうけん》や周恩来《しゅうおんらい》と、ほとんど区別がつかないぐらいである。おそらく毛沢東としては、このような危機の局面にあって、指導部が二つに割れるのは避けたかったのであろう。また、現実主義者としての毛沢東は、新指導部が実際に勝利しているかぎり、水かけ論に終わる論争は避けて、戦争指導はすべて新指導部に任せておこうと考えていたのでもあろう（この点については異説もある）。いずれにもせよ、この時期の毛沢東の独自性は、どこまでも具体的事実を追求していく査田運動に発揮されていたといってもよい。

長征のはじまり

一九三三年一〇月、蔣介石は第五回目の包囲討伐戦を開始した。こんどは蔣介石も真剣であった。全部で九〇万ないし一〇〇万人の兵力が動員され、そのうち五〇万人は中央ソビエト区に向けられた。とくに注目されたのは、顧問のフォン゠ゼークト将軍の進言によるといわれた国民党の新戦術であった。すなわち蔣介石は、ソビエト区を厳重に装備したトーチカで囲み、これを軍用道路でつないで完全な包囲体制をとった。国民党軍は、この包囲線からむやみに進出することなく、じりじりとその環《わ》をせばめていった。赤軍の頭上には多数の飛行機が飛びかい、赤軍の動きをとらえ、必要に応じて爆撃を加えた。それは恐るべき包囲戦であった。

こういったとき、福建《フーチェン》方面からソビエト区に進むことを指示されていた蔡挺楷《さいていかい》指揮下の一九路軍が、蔣介石に反旗をひるがえした。というのは、この軍隊は、すでに上海《シャンハイ》で日本軍とたたかった経験をもっており、共産軍討伐より抗日戦争を望んでいたからである。かれらは、抗日と民主化を要求して福建人民政府を樹立するとともに、中国共産党にたいして提携を申し入れてきた。というのは、中国共産党も、「満州事変」以来、しだいに抗日の呼びかけを強化し、とくに一九三三年にはいると、一、ソビエト区攻撃停止　二、民衆の民主的権利保証　三、民衆武装による抗日義勇軍組織　を条件として、この三条件を認める「いかなる武装隊伍《たいご》とも作戦協定を締結する」と呼びかけてきていたからである。ここで、福建人民政府と中国共産党とのあいだには、「反蔣抗日初歩協定」なるものが締結された。しかし、当時の中共中央にあっては、なお抗日は反蔣のための手段以上のものではなかった。中国赤軍は、あえて福建軍を助けようとせず、ただその人民政府なるものが第三党的な欺瞞《ぎまん》にすぎないことを指摘しつづけて、蔣介石軍が福建軍を圧倒するのを見殺しにした。蔣介石は、ふたたび包囲線を強化した。

この国民党軍の包囲攻撃にたいして、リトロフ・秦邦憲らは、正規の防衛戦法である陣地戦をもって臨んだ。それは経済的にも軍事的にもはるかに劣る力をもって、長期の消耗戦《しょうもうせん》に突入することを意味した。最初のうちは、中国赤軍もよくたたかい、部分的勝利をおさめたものの、やがて戦局は一方的に国民党軍優勢のなかに進められることになり、一九三四年春、広昌《カンチャン》の陥落を一つの転機に、赤軍の敗北は決定的となってきた。農民の死者、餓死《がし》者も何万人と数えきれないほどになった。新指導部としても敗北を認め、脱出をはかるよりほかに方法はなくなった。

同年七月、方志敏《ほうしびん》らの指揮する一軍は、北上抗日先遣隊と称して、北方に向け包囲線を破った。その名まえからもわかるように、おそらくこ

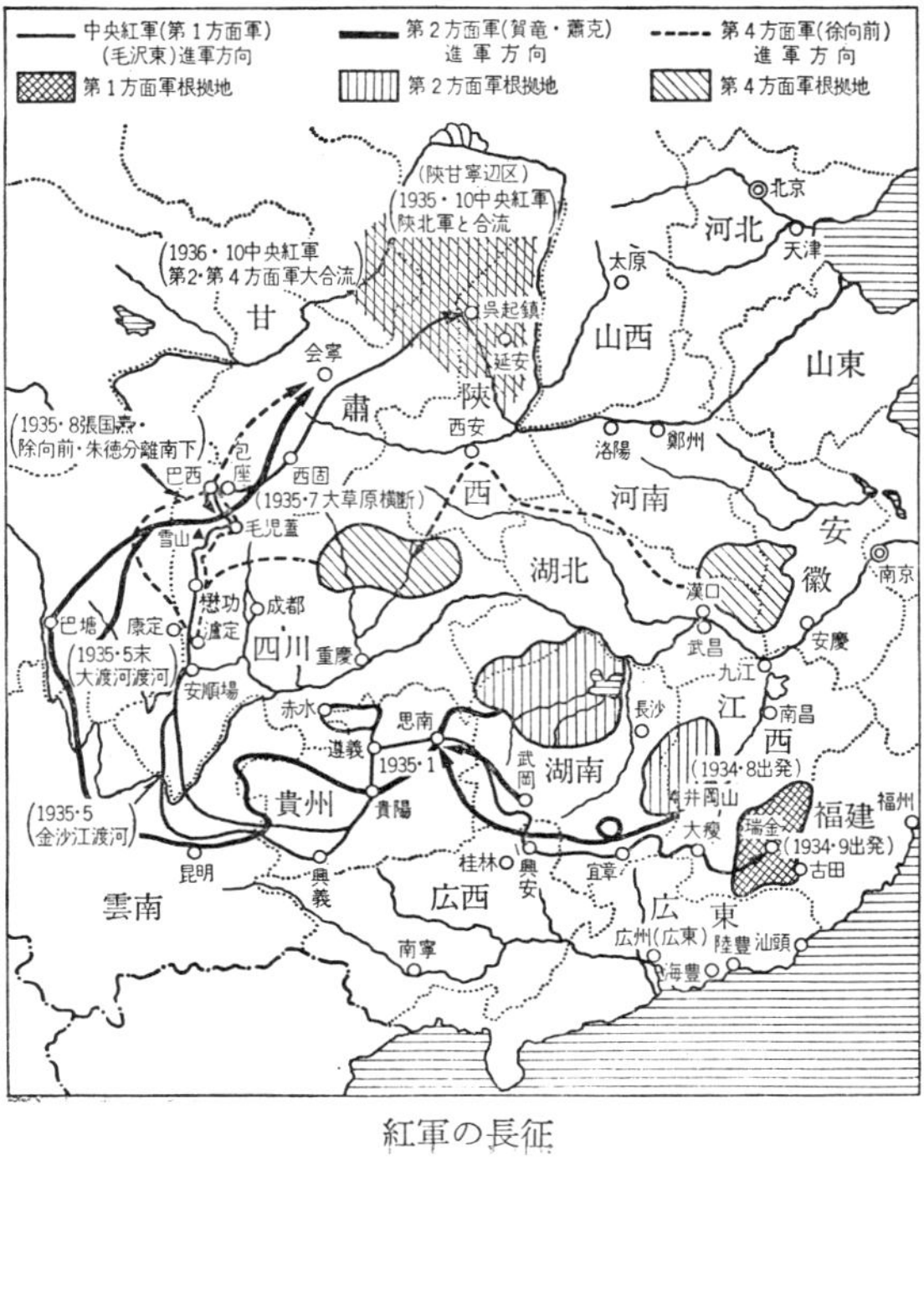

紅軍の長征

の部隊は、国民党軍の注意をひきつけるためのおとり部隊であったと考えられている。この軍は、北上中包囲され、やがて消滅した。

一〇月二日、中共中央は、西に向かって脱出することを決定した。準備する期間は一週間余りしかなかった。このころ毛沢東はふたたびマラリアで一か月あまり寝込み、ようやく元気を回復したばかりだった。人々は毛沢東に医師をつけることが必要と考えた。しかし毛沢東は、それをことわった。結局一七、八歳の若い衛生兵がひとり、毛沢東についていくこととなった。一〇月一六日、中共軍は行動を開始した。そして一八日、毛沢東も、この人の流れに加わった。有名な「長征」のはじまりである。当時第一方面軍と呼ばれていた中央ソビエトの赤軍八万五〇〇〇人は、非戦闘員一万五〇〇〇人を加えて、四重の包囲線突破に向かった。秦邦憲《しんぽうけん》・周恩来《しゅうおんらい》・彭徳懐《ほうとくかい》・林彪《りんぴょう》、そして毛沢東の新しい妻賀子貞《がしてい》も、この行軍の軍中にあった。残された人々は負傷兵を多数ふくむ二万八〇〇〇人、指揮は項英《こうえい》・陳毅《ちんき》がとった。残存軍のなかには健康を害していた瞿秋白《くしゅうはく》、毛沢東の弟の毛沢覃《もうたくたん》の名もあった。かれらは、本隊のしんがりをつとめたあと、この地にゲリラ戦を展開し、多数の犠牲者を出しながらも、日中戦争の開始するときまで国民党軍とのたたかいをつづけた。

毛沢東の指導権の確立

長征に出発しとき、中共中央には、はっきりとした目標がなかった。かれらは、とにかく近くの湖南《フーナン》・湖北《フーペイ》省境にいる賀竜《がりゅう》・蕭克《しょうこく》軍との合流を求めた。まさかあのような長途の行軍になるとも思っていなかったので、持てるだけの金・銀をはじめ、工場の機械や印刷機などもかついでいた。それだけに行軍の足も遅く、えんえん長蛇《ちょうだ》の列は、国民党軍飛行機の好目標となった。しかも中共軍の行動目標を察知した国民党軍は先に先にと回り、中共軍の行く手には強力な敵軍が待ちかまえていた。一一月、湘江《シャンチャン》を激戦のなかに通過したときには、その兵力の半数近くを失ったといわれる。ここで毛沢東は中共中央に進言し、軍を国民党の軍事力の弱い貴州省《コイチョウ》に方向転換させた。重大な打撃をこおむらないかぎり自己の主張をおさえてきた毛沢東も、全軍の危急存亡のときに際しては、あえて発言を開始したわけである。

一二月一四日、黎平《リーピン》において臨時の中央政治局会議が開かれた。人員はすでに三分の一に減少していた。過去二か月の指導が再検討され、その結果、重い機械や武器の一部は、あるいは捨てられ、あるいは地中に埋められた。全軍は、より行動しやすい、戦闘体系に再編成された。翌三五年一月、全軍は貴州省に進み、遵義《ツンイー》を占領した。国民党軍の力は比較的弱く、ここで久しぶりに一二日間の休養をとることが可能となった。さっそく、中央政治局の臨時拡大会議が開かれた。リトロフと秦邦憲《しんぼうけん》の戦術方針は徹底的に批判された。きびしい現実のまえには、秦邦憲らも反論の余地がなくなっていたわけである。党の総書記には、同じくソ連留学生グループのひとりであった張聞天《ちょうぶんてん》が選ばれたが、別に中央政治局主席というものが新設され、毛沢東が、その任にあたることとなった。このとき以来、中共中央の事実上の指導権は毛沢東に移ったものと考えられている。なお革命軍事委員会主席には、朱徳が就任したとも毛沢東が兼任したともいわれているが、遵義会議に関しては、現在のところ確実な資料が公開されていない。

た。この遵義《ツンイー》会議では、以上のような党および軍の指導体制が変更されたほか、「長征」の目標が論議された。その結果、基本的方針として「北上抗日」が確認され、同時に、進軍途上における宣伝活動の強化が要請された。ここに「長征」は、真に「長征」の名にふさわしい内容が盛り込まれることとなったわけである。以後、長征軍の進むところ、土地革命が宣伝され、民衆大会が開かれ、土地の赤衛隊幹部が養成された。新しい革命の種がまかれ、また、新しい人と力が長征軍に加えられるようになった。遵義を出発するとき、中央赤軍は、非戦闘員も加え、四万五〇〇〇人に再編されていた。

ここで毛沢東の根拠地理論は、新しい教訓を得た。革命根拠地は、みずからが空間的にその行動の限界を定めるときには、それは単なる軍事根拠地としての役割しか果たさない。しかしその革命根拠地は、いったんその空間的限界をつき破って動的な存在を開始するとき、その影響力は爆発的に拡大する。このようにして消極的な退却の旅は、積極的な革命宣伝の、文字どおりの「長征」の道に転化していったのであった。

北上の道

しかし、長征の前途は、なおきびしかった。蔣介石の命令を受けた国民党系の軍隊は、いたるところで待ち受けていた。このため長征軍は、優力な敵を避けるために大きく西回りをし、「大渡河」で揚子江上流を渡った。ここはむかし太平天国の石達開《せきだつかい》軍が追討軍に囲まれて全滅した場所であったが、中共軍は、なん人かの勇敢な兵士たちの犠牲によって、なんとか切り抜けることに成功した。

いまや長征軍の目前の目標は、第四方面軍との合流に向けられていった。というのは、当時、徐向前を司令とし張国燾《ちょうこくとう》を政治委員とする第四方面軍が、四川《スーチョワン》省西部省境に根拠地をうち立てていたからである。一九三五年六月一二日から一六日にかけて、中央赤軍は第四方面軍五万人と合流した。つづいて六月二四日から両軍幹部による両河口会議が開かれ、「北上抗日」の方針が再確認された。全軍は北上し、七月には懋功《モウコン》地方にはいり、さらに毛児蓋《マオアルカイ》に進んだ。ここで二回にわたる中央政治局会議が開かれ、有名な「八・一宣言」が採択された。この「八・一宣言」は、あとでのべるように、中国共産党の抗日への戦術転換を象徴する宣言となったもので、毛沢東たちとモスクワにあった陳紹禹《ちんしょうう》たちとの連絡のうえで作成されたものと考えられる。北に進んで、「満州」から華北へと侵略の手をのばしつつある日本と対決するという目標は、いっそう明らかにされた。全軍は、八月末、大湿地地帯をこえて巴西《バーシー》に到着した。ところがここで意外なことが起こった。というのは張国燾が、会議の決定に逆らって北上を中止し、回れ右をしたのである。かれは、もともと、北上抗日には賛成していなかった。かれの考えでは、このような革命の退潮期にあっては、むしろ四川《スーチョワン》省西部にソビエト地区を確保するほうが得策と判断していた。しかしかれの消極的見解は、中共中央政治局では受け入れられなかった。ここでかれは独断南下を強行したのである。第四方面軍の将兵は、大部分が四川の出身であったため、あえて北上することを喜ばず、張国燾の指示にしたがった。司令の徐向前は、道に迷って北上の道を見失い、結局南下したといっている。また、もともと毛沢東とともにあった朱徳や劉伯承《りゅうはくしょう》も南下した。朱徳自身の説明では、銃をつきつけられて、むりやりに南下させられたということである。この後、張国燾は四川に帰り、一時党中央を名のって四川ソビエトを固めている。こんなところからも、もともと毛沢東の上位にあった張国燾《ちょうこくとう》が毛沢東の下風に立つことを喜ばなかったというかれの権力欲の一端が推察されよう。

毛沢東の胸中は、想像するにあまりある。このとき毛沢東の当番兵としてそばにいた陳昌奉《ちんしょうほう》の話では、毛沢東はかれがどうして第四方面軍がひき返すのかとたずねた素朴な質問にすぐには答えてくれなかったといわれる。「主席の顔色からみて、主席が内心の激動をおさえていられる様子が想像できた」と陳昌奉は記録している。党中央の指導権は握ったものの、それはなお確定していなかったのである。

しかし、毛沢東は北上をつづけた。したがうものは一万人余り、中央赤軍と称するには、あまりにもわずかの兵力であった。一〇月二〇日、長征軍は、ついに陝西《シエンシー》省の呉起鎮《ウーチーチエン》に到着した。そのときの兵力は七〇〇〇人とも八〇〇〇人とも伝えられている。ここで毛沢東たちは、陝北《シエンペイ》ソビエトを建設しつつあった第一五軍団七〇〇〇人と合流した。三六八日、二万五〇〇〇華里（約一万二五〇〇キロメートル）とも数えられる長征は、ここに終わった

長征を終わった紅軍

のである。

つぎの詩は長征を記念した毛沢東の作といわれ、広く世界の人々に知られている。

紅軍は遠征の難《かた》きを怕《おそ》れず
万水千山　ただ等間《こともなし》
五嶺は逶《うね》りに迤《うね》りて　細《こま》き浪を騰《おど》らせ
烏蒙《うもう》は　磅礴《はてしなくひろがり》　泥《つち》の丸《たま》を走《ころ》がす
金沙《きんさ》の水拍《う》ちて　雲崖《うんがい》　暖《あたた》かく
大渡《だいと》の橋横たわりて　鉄索《てっさく》寒し
更《さら》に喜ぶよ　岷《びん》山　千里の雪
三軍　過ぎてのち　尽《ことごと》く　開顔《わらう》

（武田泰淳・竹内実訳）

新しい可能性を求めて

瓦窰堡《ワイヤオプー》にて

毛沢東の率いる中央赤軍は、急速に強化された。この地にあった第一五軍団は、劉子丹《りゅうしたん》を司令とし高岡《こうこう》を政治委員とする第二六・二七軍と徐海東《じょかいとう》の率いる第二五軍とが去る九月一八日に合流して生まれたばかりの新しい軍団であり、党指導問題をめぐって旧中共中央と微妙な関係にあったといわれているが、ここに長征軍と合流し、一つの中央赤軍として強力に成長した。一一月、中央赤軍は、来攻した国民党軍を撃破し、陝西省《シエンシー》の根拠地を安泰なものとした。こういった軍事情勢を背景として、一二月、一連の重要会議が開かれた。有名な毛沢東の「日本帝国主義に反対する戦術について」と題する報告がおこなわれたのもこのときである。

当時、日本は、「満州」に、かいらい政権を樹立したのち、こんどは華北にも手をのばし、緩衝地帯とか地方自治といったような名目で、少しずつ中国の心臓部に食い込もうとしていた。現在すでに明らかにされているように、このころの日本は、もはや統一的な国家の政策の遂行ができなくなっており、いわゆる華北分離工作は、特務工作の進むまま、とどまることを知らなかった。とうぜん中国の抗日世論は、わきかえった。「満州」と華北とでは、中国にとっての重要性は、まるで違った。とくに危険が間近に迫っていた北京では、抗日世論は、はげしい抗議の連続デモとなり、それは、「一二・九」運動と呼ばれる学生・知識人を中心とする一大運動へと発展した。かれらは、国共両党にたいして、「内戦停止・一致抗日」を強く要求した。

毛沢東は、この運動がここまで盛り上がってきたことに注目した。また、国民党とのたたかいにおいて事実上敗北しつつあった以上、従来の政治戦略を再検討する必要があった。もちろんそのときまででも、中共中央およびソビエト政府は、しばしば抗日を主張し、いかなる「武装隊伍《たいご》」とも抗日のために協力する意思のあることを表明してきた。しかし従来の抗日は、あくまで副次的なものであった。第一目標が国民党政権打倒にあったことは、実際の行動からも明らかであった。そういえば、長征前後からかかげられた「北上抗日」のスローガンにしても、どれだけ真剣なものであったかは疑わしい。少なくとも当時の中国の少なからぬ部分の人々の目には、同じく便宜《べんぎ》主義的なものとして映ったことでもあ

抗日運動
抗日団結を叫ぶ中国人学生

ろう。いまや「北上抗日」に新しい内容を盛り込む必要があった。

こういったとき、やはりコミンテルン中央および在ソ中共代表部の果たした役割を無視することはできない。すでにソビエト－ロシアは、ナチス－ドイツの脅威を現実的なものとして受けとめていた。また軍国主義日本の「満州」支配からも、しだいに強化される圧力を感じていた。一九三五年夏、コミンテルンは、第七回大会を開き、世界の情勢を分析した結果、反ファシズム統一戦線結成の新方針をうち出した。そして、長いあいだ現実主義的な革命指導者を苦しめてきた「中間勢力を主要な敵として打撃をあたえる」方針は、ここに克服された。このコミンテルン中央の新方針を、陳紹禹《ちんしょうう》は、中国の実際状況とにらみ合わせて、抗日民族統一戦線という形にまとめあげた。八月七日のコミンテルン第七回大会において、陳紹禹は、重要演説をおこない、「いまや現在の中国において反帝国主義的統一戦線の問題は、第一義的重要性をもつのみならず、あえていえば決定的重要性をもつ」とのべた。いまや日本が中国の心臓部を侵しはじめた以上、抗日を実践しないかぎり民心を得ることはできず、民心を得ないならば、ソビエト革命は絵にかいた餅《もち》になってしまうというわけである。

この陳紹禹の考え方にたいして、毛沢東も基本的に賛成した。「八・一宣言」の最初の提案者がどちらであれ、少なくともその内容は、毛沢東・陳紹禹の共通確認事項を成文化したものといえよう。

陝西《シェンシー》の中共中央政治局は、一二月二五日、「八・一宣言」を具体化した「一二月決議」を採択した。二七日、毛沢東は、党活動家会議において、抗日戦術について演説した。ここに民族ブルジョアジーおよび抗日的分子はすべて味方にするという方針が採択され、従来の労農ソビエト共和国の主張は人民共和国の呼称に変えられた。またすべての愛国主義者と抗日作戦を協議するために、国防政府を樹立することを呼びかけた「八・一宣言」の主旨がくりかえされた。中国革命は、ここに新しい局面を迎えることになったわけである。

「倒蔣」から「逼蔣」抗日へ

しかし、一〇年のあいだ国民党と血みどろの戦争をつづけてきた中国共産党員にあっては、抗日への転換は、それほど簡単なものではなかった。個人的憎しみも深かった。革命と抗日との関係も、すぐにはのみこめなかった。加えて、蔣介石の共産軍討伐戦はつづけられていた。さらに国民党内には、汪兆銘《おうちょうめい》のように、対日妥協政策をつづけても共産党撃滅に第一の重点をおく頑固《がんこ》な反共派も少なくなかった。汪兆銘にかぎらず、かつて左派とか容共派といわれた人たちは、いったん共産党と敵対関係に立つと、強い反共主義者になるものである。このほか、本質的に共産主義を否定する軍人や、日本との貿易に巨利を得ている親日派も存在していた。中国共産党としては、コミンテルン中央が考えるほど容易に戦術転換できるものではなかった。

こういった状況下に、毛沢東らが打った手が、一九三六年春の「抗日東征」である。これは、抗日実践の誠意を示すとともに、同時に、蔣介石の中央軍や地方軍閥の首領たちの反応を見てみようというねらいもふくむものであった。二月から三月、二万余りの中央赤軍は、総力をあげて東隣の山西《シャンシー》省に進出した。ここには閻錫山《えんしゃくざん》の山西《シャンシー》軍と張学良の東北《トンペイ》軍とが陝西《シェンシー》包囲網をつくろうとしていたが、共産軍にたいする戦意は低かった。中共軍は、ほとんどたたかわないで山西《シャンシー》の一八県を占領した。もともと蔣介石は、共産軍討伐には地方軍閥軍を先頭におしたてて両者ともに弱体化することをねらっていたが、山西軍や東北軍の状況を見るや、中央軍一〇万人を陳誠《ちんせい》・胡宗南《こしゅうなん》指揮下に動員した。戦闘はにわかに激化し、石県《シーシェン》付近のたたかいでは劉子丹《りゅうしたん》が戦死した。ここで中共軍は、いっせいに山西省から撤収した。その撤収の際、つぎのような通電を国民政府軍事委員会および各党各派にあてて発した。

「赤軍革命軍事委員会は、国防のための実力を保存し……また蔣介石氏およびその部下の愛国的な軍人たちの最後の覚悟をうながすために……人民抗日先鋒《せんぽう》軍をやはり黄河の西岸に引き返させた。……われわれは、抗日赤軍を攻撃していたあらゆる武装隊伍と一か月以内に停戦講和をおこない、それによって停戦抗日の目的を達成したいと望むものである。」

この通電は、中共中央が、反蔣スローガンをひき下げた最初のものとして注目され、その発せられた日付をとって「五・五回師通電」と呼ばれている。この後の中共中央の一連の資料は、中国共産党の考える民族統一戦線が蔣介石をふくむ可能性のあることを示していた。たとえば、七月一六日の毛沢東とスノーとの談話では、蔣介石が民衆の要求にこたえて共産党と合作すべきことが力説され、八月一〇日の全国救国会の声明にこたえる毛沢東書簡では、中共中央が富農および抗日地将校・地主の土地没収を中止するよう指令中であることが明らかにされ、八月二五日国民党中央にあてた中共中央書簡では、国共合作の基礎には孫文の革命的三民主義をすえるべきことを説いていた。

しかし、中共中央が反蔣のスローガンをおろしたからといっても、それは、中国共産党や毛沢東が蔣介石を信頼したということは意味しなかった。たとえ情勢が変わったからといっても、蔣介石や地主の権力の性格は本質的には変わるものではない。蔣介石は、いぜんとして抗日よりも共産党討伐を第一としており、さらに新しい包囲討伐戦を準備しつつあった。ここで毛沢東は、蔣介石が抗日を望まないことを前提に、むしろ積極的に抗日運動を展開し、この運動によって生ずる民衆のエネルギーを抗日に不熱心な蔣介石に押しつけていくことによって、いやおうなく蔣介石が抗日に向けられていく政策をとった。いわゆる「逼蔣《ひっしょう》抗日」、蔣介石に抗日を逼《せま》る政策である。したがって毛沢東は、安易に民衆の抗日気運に依存することなく、まずみずからの根拠地を強化していく政策をとった。おりから一九三六年一〇月、一時四川《スーチョワン》にとどまっていた張《ちょう》国燾《こくとう》も、朱徳《しゅとく》や徐向前《じょこうぜん》、あるいは新たに合流してきた第二方面軍の賀竜《がりゅう》の進言《しんげん》などを聞き、ようやく毛沢東のあとを追って中央赤軍に合流してきた。こうして中共軍は、全部で五万以上の正規軍を一つにし、その軍事的・政治的立場を、いちだんと強化した。ここで中国共産党は、積極的に抗日宣伝を推進し、まず故郷の「満州」を追われて抗日意識の強い東北軍と、ひそかに停戦協定を結んだ。いかにも毛沢東らしい、主体性の強い、現実主義的な政治戦術ということができよう。

これにたいして蔣介石は焦りを感じた。すでに日本は綏遠《ソイユワン》に特務工作の陰謀を進め、これを憤慨した山西《シャンシー》軍出身の傅作義《ふさくぎ》将軍は独断で反撃の軍事行動に出、日本軍を最初に撃破した英雄として国民の歓呼をあびていた。日本軍の全面的攻撃の日は迫っており、中国国民の抗日気運も高まり、これ以上共産軍討伐戦をつづけ

蒋介石(右)と張学良(左)

ることは許されなかった。蒋介石は、最後の討伐戦のチャンスに全力をあげた。危険を承知で蒋介石が前進拠点の西安《シーアン》にとんだのも、そのような焦りが反映していたものと思われる。ところが西安では、蒋介石にとって、まったく心外きわまる事件が起こった。これが西安事件である。

西安事件

一二月一二日、窮地に追い込まれた張学良《ちょうがくりょう》は、西北軍の楊虎城《ようこじょう》と共謀して、とつぜん「兵変」を起こした。蒋介石の護衛兵は殺され、蒋介石は監禁された。ここで張学良たちは、抗日の実施を蒋介石に強く迫った。しかし、蒋介石自身の記録によると、死を覚悟した蒋介石は頑強《がんきょう》にこれを拒否した。政治的・心理的かけひきでは歯がたたない張学良は、すでに休戦状態にあった中国共産党に協力を依頼した。一二月一四日、周恩来は西安にとんだ。

この事件の際における毛沢東の言動については、きわめて断片的な、それも間接的な資料しか知られていない。これらをつなぎ合わせてもなお全貌はぼんやりとかすんでいる。おそらく毛沢東としても、この事件は予期していなかったに違いない。その第一報がはいったとき、毛沢東としても、あるいは好期到来と考えたかもしれない。いうまでもなく蒋介石を人民裁判にかけ、ソビエト区の民衆の士気を高めるには絶好のチャンスであった。しかし、もし蔣介石を処刑したならば、中国の分裂状況は、はなはだしいものになったに違いない。数年前はともかく、一九三六年では、中国民衆の多くの部分は抗日を望んでおり、かれらは、その抗日の中心に、蔣介石を期待していた。加えて、国民党内には、蔣介石夫人宋美齢《そうびれい》の手記からも明らかなように、たとえ蔣介石を犠牲にしても共産軍討伐、東北軍粉砕を推進しようという人々が少なくなかった。もし中国共産党が蔣介石を処刑したならば、これらの国民党右派は、蔣介石のとむらい合戦《がっせん》と称して民心を集め、対日妥協を背景に、強力な共産軍討伐戦を開始するであろう。さすがの毛沢東も、判断に迷ったに相違ない。こういったとき中共中央に、蔣介石釈放を要請するスターリンの電報がはいったといわれる。当時スターリンは、ソビエト－ロシアの安全のため、ひたすら中国の抗日統一戦線の成立を希望し、その統一の中心に蔣介石を期待していた。蔣介石を殺すとは、まさに国民党右派の陰謀にのるようなものである。それにしてもスターリンの電報は、毛沢東にくやし涙を流させたといわれる。それは、中国共産党自身が決定すべきことである。しかも蔣介石をどうみるかについては、スターリンと毛沢東とのあいだにはこえがたい距離があった。したがってスターリンは蔣介石を擁立して抗日を進めることを考え、毛沢東は蔣介石に強制して抗日を推進することを考えていた。似ているようであるが、両者の論理は、まったく異なる。しかし毛沢東は、結局、結果的にはスターリンの要請にしたがった。国民のあいだにおける蔣介石の声望には、無視できないものがあった。加えて、何応欽《かおうきん》らの指令する国民党中央軍は、西安に進撃しつつあった。やはり蔣介石を釈放し、一致抗日をはかるよりほかに、合理的な解決方法はなかった。

一二月二五日、蔣介石は、国民の歓呼のなかに南京《ナンキン》に帰った。周恩来や張学良とのあいだには秘密の約束がとりかわされ、以後、蔣介石が抗日に向かうべきことが了解事項とされた。一二月二八日の毛沢東の声明は、間接的表現ながら、この了解事項の内容を明らかにした。蔣介石をふくむ抗日民族統一戦線の基本的構想は、ここに固まったわけである。

国共交渉の進展

西安事件後、国共合作の交渉は進んだ。もちろん、合作に反対する勢力も根強かった。また、かれらは蔣介石釈放後も西安に進撃しつづけ、東北軍に共産軍討伐を強く迫った。また、蔣介石にしたがって南京にとんだ張学良は、反逆分子として監禁《かんきん》され、以後状況の変化とは無関係に、一生《いっしょう》その自由を奪われた。さらに蔣介石すら、抗日に方針を転換するためには、一時郷里に帰り辞表を提出するという形式を踏まなければならなかった。しかし、一致抗日の方向は、もはやゆるがなかった。東北軍は、中央軍の命令により瓦窰堡《ワーヤオプー》を占領したものの、そのかわり共産軍に膚施《フーシー》（延安）をあけ渡した。二月一〇日、中共中央は、これから開かれようとする国民党三中全会に手紙を送り、言論・集会・結社の自由、人民の生活改善、抗日戦の準備推進などを要求するとともに、一、武装暴動の方針を停止する　二、労農政府は特区政府に、赤軍は国民革命軍に改称するとともに、それぞれ、南京国民政府と同軍事委員会の指導を受ける　三、特区政府区域内では、普通選挙による民主主義制度を実行する　四、地主の土地を没収する政策を停止すること　などを申し入れた。これにたいして国民党三中全会は、二月二一日に「赤化根絶案」を採択し、

一、すべての赤軍の解消　二、ソビエト政府の完全な取り消し　三、赤化宣伝の停止　四、階級闘争の停止　五、三民主義への服従　などを条件に、内戦停止・一致抗日の意志を示した。決議案の名称はいかめしく、両党の主張には、なお開きはあったが、とにかく国共両党は、一〇年ぶりに話し合いの座についたわけである。

六月、国共の話し合いは開始された。蔣介石は二か月の請暇《せいか》を終えて廬山《リュイシャン》にはいり、国民党首脳部と協議を重ねた。中共側からは周恩来が廬山に飛来し、種々の折衝をおこなった。話し合いは難行し、国共両党のあいだの溝は、なかなか埋められなかった。しかし、国共合作の気運は、しだいに煮つまりつつあった。

民主主義のためのたたかい

国共合作にたいする反対は、国民党内だけではなかった。共産党内にあっても異論は少なくなかった。各地の遊撃隊は、なかなか富農の土地没収をやめなかった。ある人々は、西安事件の際、むしろこれを好機としてとらえ、潼関《トンコワン》に打って出ることを主張した。かれらの疑惑は尽きなかった。ここで中共中央は新戦術の妥当性を各種の文書で示し、とくに、五月はじめの中国共産党全国代表大会では、新戦術の具体的内容を徹底的に討論し、説明した。われわれはここでも毛沢東の現実主義的な問題処理の典型例を見ることができる。すなわち、毛沢東は、抗日民族統一戦線は、革命を停止することではなく、民主主義革命を推進するものであることを明らかにした。実際問題として、現在中国民衆が求めているものは、社会主義革命やソビエト革命ではなく、まず生活の改善であり、言論・結社の自由であり、国土の防衛である。国民政府はそのような最低限の民衆の要求にさえこたえていない。したがって、もし共産党が民主主義と生活改善のために努力し、また抗日のために誠意を示していくならば、政局の指導権はおのずと共産党の手中に帰するであろう。しかも民衆は、右のような最小限の要求にいつまでも甘んずるものではない。もしかれらの生活が向上し、自由が拡大するならば、民衆の要求は、さらに高まるであろう。そのときには、おのずから土地没収の要求があらわれ、地主にたいする武装闘争の要求もあらわれるであろう。もちろん、その時や方法が、いつ、どのような形態で現出するかはわからない。中国共産党としては、とにかくその時期まで、民主主義と抗日のために奮闘しつづけるべきである。そして、たいせつなことは、いかなる場合も、共産党の基盤、すなわち根拠地を保持していることである。したがって、いわゆる特区と赤軍は堅持し、共産党の指導は持続させる。国民党にたいする批判の自由は確保しておく。そうすれば、民主主義革命は、おのずから社会主義革命の方向を指示していくであろう。以上が毛沢東の考え方であった。

もちろん、このような考え方は、物事を抽象的に、形式論理的に考える人には、どうしても納得できないものであった。また、社会主義的方向を内含《ないがん》する民主主義革命と、民族主義的闘争を意味する抗日戦争との関係も、いわゆるマルクス主義者には、なにか割り切れないものがあった。そこで毛沢東が書いたのが、「実践論」と「矛盾論」であった。この両論文の原型となった連続講義は、一九三七年七、八月、おりから全面的な日中戦争が展開しつつあったとき、延安の抗日軍政大学でおこなわれた。戦争開始の危急存亡のときに、なぜそのような呑気《のんき》な哲学講義をしていたのかと、日本人には不思議に思われるかもしれない。しかしそのような哲学的論文が必要であったところに中国革命の特徴がある。またそのような現実と哲学的理念とを統合したところに、毛沢東路線が勝利した鍵《かぎ》があった。若い人々は、この講義を聞くことによって、形式論理的には矛盾する二つの戦術を、どうして同時並行的に進めることができるかを学び、また、階級闘争を基本としながら、どうして抗日に力を注ぐことができるかを学んだ。そして、人間の認識というものが、いかに社会的実践に依存しているものかということを、具体的事実によって理解した。この両論文は、哲学書としてはあるいは初歩的な入門書かもしれない。また、すべての行動を正当化する無原則的な循環論法といった手法も見られないではない。しかし、それにもかかわらず、この両論文は、まさに生きた哲学であった。それは、複雑な中国の革命と戦争との時代にあって、いかに生きるべきかという人生の指針をあたえるとともに、日々の実践において現実的な行動の指針をあたえるものであった。こうして中国共産党員は、新しい戦術にたいする根本的態度を変革しつつ、全面的な抗日戦争のときを迎えたのであった。

中国の赤い星

――抗日戦争の時代――

日中戦争の拡大

一九三七年七月七日、日本軍は、北京の西南方の蘆溝橋《ろこうきょう》において、全面的な日中戦争を開始した。戦争の口実としては、「満州事変」のときよりも、さらに底の見えすいた「一兵士の行方《ゆくえ》不明」という事件がもち出された。しかも現地の日本軍当局は、これが部分的紛争に終わることを夢想していた。九日から一一日、事件後、華北の一部を食いかじるだけの「現地協定」のための交渉が進められた。

しかし日中間の緊張は、このような小事件にも火を吹くまでに高まっていた。事件の一〇時間後、中共中央は、ただちに抗戦第一次宣言を発した。蔣介石も、なお和平交渉の成立を望みながらも、中央軍の北上を指令した。他方、日本側も、戦争不拡大を唱えながら対華増兵を決定し、事態の悪化を促進した。現地協定は、事態の進行のなかにのみこまれていった。七月二八日、日本の華北駐とん軍は総攻撃を開始した。二九日、蔣介石は最後まで抗戦すべきことを言明した。最後に残されていた船津工作のような妥協交渉は、日本側特務組織が案出した「大山事件」で粉砕された。戦火は上海に波及した。八月一四日、南京国民政府は、抗日自衛宣言を発し、国防最高委員会および中央政治会議の指令の下《もと》、徹底的に抗戦すべきことを明らかにした。八年にわたる泥沼《どろぬま》の戦争は、ここに開始されたのである。

この情勢の下、国共の連携は急速に進んだ。八月下旬、中共中央は、洛川《ルオチョワン》に政治局会議を開き、抗日救国十大綱領を決定した。同時に、陝西《シェンシー》の北部の中共軍は、三個師、四万五〇〇〇人に再編され、ふたたび黄河をこえて東の山西《シャンシー》に向かった。この軍は八路軍と称し、九月二〇日から二五日にかけて、山西北部に進出してきた板垣第五師団の後方部隊を待ち伏せ、その三〇〇〇〜四〇〇〇人をたおした。これは平型関のたたかいと呼ばれ、中国側最初の戦勝として中国人の士気を奮い立たせた。他方、蒋介石は、長期戦のための体制準備を急ぐとともに、国共合作交渉のまとめに力を入れた。八月二一日、南京政府とソ連とのあいだに不可侵条約が成立したことは、交渉の進展を促進した。こうして九月二二日、第二次国共合作は成立した。翌二三日、中共中央は、「真に団結して敵にあたる宣言」を発し、蒋介石は、合作成立の談話を発表した。

日華事変　抗戦する中国軍兵士

この国共合作の結果、もとのソビエト地区は民主主義下の特別地区（辺区）となり、実質上、中国共産党の指導権下に委託された。また赤軍は国民革命軍に改称され（八路軍の名称は国民革命軍のナンバー）、国民政府軍事委員会の指揮下に入れられるかわりに、軍費と武器弾薬を支給されることとなった。また国共共通の政治綱領としては孫文の三民主義が再確認され、土地没収政策は停止された。他方、国民政府の民主主義的改革、民衆の生活向上のための努力、言論・出版・結社の自由と政治犯の釈放なども確認された。こうして国共両党は表面上は、あい提携して、一致協力抗日戦争に向かっていくこととなった。

中国共産党内の論争

毛沢東は、国共合作の線に沿って、根拠地と中共軍の再編成を急いだ。九月六日には、もとの根拠地を中心として陝甘寧《シェンカンニン》辺区がつくり出された。つづいて翌三八年一月には、その東に晋察冀《チンチャーチー》辺区が樹立された。これらの辺区においては、土地革命が停止され、地主にたいする小作料の納入が規定された。そのかわり、小作料は収穫の三分の一をこえないことが原則とされ、また農民の小作契約更新の権利も保証されることとなった。また、以前江西省《チャンシー》ソビエトがあった華中には、新四軍の名の下に残存していた共産系遊撃隊が結集されることとなった。軍長には、国民党を刺激しすぎないため、しばらく香港《ホンコン》に亡命し共産党籍から離脱していた葉挺《ようてい》が起用された。そして長らくゲリラ活動を指導してきた項英《こうえい》と陳毅《ちんき》は、それぞれ副軍長と第一支隊長となった。他方、国民党との協力を進めるため、南京《ナンキン》陥落後、事実上首都がわりとなった漢口《ハンコウ》に、中共連絡部にあたるものが設置され、また、中共側の新聞として「新華日報」が発行されることとなった。

しかし、実際に国民党と提携していくこととなると、難問が山積していた。まず国民政府の機関にどの程度共産党員を参加させるかということが問題となった。また中共の軍隊指導組織に国民党員を入れてよいかどうかも議論された。さらに三民主義をどう理解すべきかということについても見解の対立があった。毛沢東は、すべてこれらの問題については、中国共産党の独立自主の立場から明確に判断した。国民政府の民主化のためにその機関に共産党員が参加することについては問題ない。ただ国民政府の非民主主義的側面にたいする批判と思想闘争は堅持すべきである。八路軍に国民党の指導員を参加させることは、だんこ拒否すべきである。中共軍は南京の軍事委員会の指揮下には入れられるものの、それは軍・師団レベルまで国民党が介入してくるのを許すものではない。三民主義の解釈については、孫文晩年の革命的三民主義以外にはありえない。それは、「連ソ・容共・労農扶助《ふじょ》」を主たる内容のものとすべきである。このような毛沢東の考え方には、国民政府の本質と行動にたいする冷徹な判断が基礎となっていた。すなわち、毛沢東は、蔣介石がいぜんとして抗日戦争に熱意をもたず、むしろ共産主義の撲滅《ぼくめつ》の機会をねらっているものとみていた。事実、国民党軍は、台児荘《タイアルチヨワン》のたたかいなどの二、三の例を別にすると、最後までたたかうことなく退却した。また、国民党は、沿岸地区を日本軍に占領されていった結果、しだいに民族ブルジョアジーや小ブルジョアジーの要素を後退させ、保守的地主政党としての色彩を強めつつあった。そして、すでに一九三八年後半には、国民党内における反共的言動もあらわれはじめていた。毛沢東の力点が合作面よりむしろ共産党の自主独立の面におかれていたことには、それなりの理由があったのである。

他方、陳紹禹《ちんしょうう》は、いくぶん違っていた。かれは、一九三七年一一月モスクワを出発し、国共合作を指導するために中国に帰った。当時ソビエト＝ロシアは、中国の抗日戦に大きな期待をかけていた。それはソビエト＝ロシアの防衛のためには、直接的援護としての性格をもっていた。したがってスターリンは、蔣介石の機嫌《きげん》を損じないことに心を用いた。ソ連から中国への軍事援助は、共産軍に直接おこなうことはすべて抑制し、ひたすら国民政府の機関を通じておこなわれた。モスクワ滞在が長く、コミンテルン中央にあっても要職を占めていた陳紹禹は、このようなソ連側の意向を重んじた。かれは国共合作による抗日戦の遂行に情熱を注いだ。もちろん陳紹禹としても共産党の独立自主の問題や共産主義綱領の堅持の問題については注意を払った。また毛沢東の軍事戦術論にも敬意を表した。それにもかかわらず、陳紹禹の力点は、やはり国民党との協力堅持のほうにあった。一九三八年一月、陳紹禹は、コミンテルン機関誌に論文を書き、抗日民族統一戦線が「一時的な態度とか戦術といったようなものではなく、中国共産党の政策と戦術における重大な転換である」と主張した。また三月に開かれた中共中央政治局会議では、主席ではない陳紹禹が総括し、きわめて柔軟な合作政策を提示した。こうして、一九三八年春の国民党臨時全国代表大会前後におこなわれた国民政府の機構改革に際しては、共産党員も積極的に参与した。たとえば、周恩来《しゅうおんらい》は軍事委員会の政治部副部長に、郭沫若《かくまつじゃく》はその宣伝部長に就任した。また四月に発足した国民参政会には、共産党から、陳紹禹をはじめ、秦邦憲《しんぽうけん》・毛沢東・林祖涵《りんそかん》・呉玉章《ごぎょくしょう》・鄧穎超《とうえいちょう》の七名が名を連ねた。

こうした陳紹禹の主張や行動には、毛沢東も賛成していたように思われる。現在北京から公表されている資料から受ける印象とは異なり、少なくとも一九三八年の春から秋にかけての期間は、陳紹禹《ちんしょうう》と毛沢東とがもっとも歩み寄った時期があったように考えられる。一〇月一二日から一一月六日にかけて開かれた第六期中央委員会第六回全体会議は、そのような陳紹禹・毛沢東協力の一つの頂点に立つものであった。現在『毛沢東選集』からはずされているが、この第六期六中全会でおこなわれた毛沢東の主報告「新段階論」は、「蔣委員長擁護」の議論といい、国共長期合作の展望といい、この時期における陳紹禹の主張と非常によく似ている。この間の事情は、よくわかっていない。しかし、毛沢東としては、ソ連の対華援助が積極的におこなわれているとき、そして、武漢《ウーハン》をめぐる攻防戦が激化しているとき、できるかぎり党中央を統一し、できるかぎりコミンテルン中央と協力していこうと考えていたに違いない。あるいは、この年、張国燾《ちょうこくとう》が国民党側に走った結果、その除名問題が取り上げられていたが、この問題に関して、毛沢東は、コミンテルン中央および陳紹禹の承認を必要としていたのかもしれない。とにかく、この第六期六中全会において、毛沢東が最大限に陳紹禹路線に接近していたことは、いちおう確認されるべきであろう。

しかし、それにもかかわらず、毛沢東は、陳紹禹にまったく合わせたわけではなかった。毛沢東は、国共長期合作論と同時に、共産党の独立自主の問題も力説した。むしろ毛沢東の重点は、いぜんとして独立自主のほうにあったといってもよいかもしれない。毛沢東の報告のうち、この特徴的な部分だけは抜粋され、その後の整風運動に用いられている。おそらく毛沢東としては、報告全体のバランスに配慮しながら、可能なかぎり国内外の政治情勢に合わせて妥協した表現を用いていったのであろう。毛沢東としては、当時の時

「持久戦論」を執筆中の毛沢東

点において、長期合作・国内平和革命の可能性を抽象的に議論することは好まなかったのかもしれない。それは先に行って、民衆が決めていくことである。それよりも、毛沢東にとっては、抗日戦争に勝ち抜くための戦術を、そして同時に、統一戦線の指導権を握るべき戦術を、具体的に案出していくことのほうがたいせつに思われた。そこで毛沢東は、中国独自の軍事戦略論の完成に全力をあげた。こうして生み出されたものが、一連の軍事論文であった。

毛沢東の軍事戦略

この軍事論文は、毛沢東思想にとって、独特な位置づけをもっている。なぜならば、そこには、毛沢東に特徴的なリアリズムがもっとも具体的な表現で示されており、また、その事実と関連して、ソ連にたいする中国の独自性の自負が、明瞭《めいりょう》にあらわされているからである。さらに、すでにのべたように、毛沢東思想における軍は、単なる戦闘部隊ではなく、目ざめた民衆の前衛、党の原型としての役割をもつものであった。したがって、毛沢東の一連の大論文は、まず軍事論文からはじまった。それは、最初、西安事件の直前に「中国革命戦争の戦略問題」として書きはじめられ、つづいて一九三八年五月「抗日遊撃戦争の戦略問題」として一歩深められ、さらに同じ月の「持久戦論」として一つの頂点に達し、最後に同年一一月、「戦争と戦略の問題」として、いちおうしめくくられた。この軍事論文を執筆中のときは、毛沢東は、まさに情熱と気力との固まりであった。たとえば「持久戦論」が書かれるとき、そばにいた護衛兵の回顧というものによると、毛沢東は、最初の二日間はまったく不眠不休だったといわれる。二本のロウソクの火をたよりに、ときには食事を忘れ、疲れたときには熱いタオルで身体をふき、目を血走らせて書きつづけた毛沢東は、七日目にはロウソクの火が右足の靴に焼け穴をつくっているのを、爪先が熱くなるまで気がつかず、「これはいったいどうしたことか」とたずねて大笑いしただけで、なおも書きつづけたということである。こうしてあの長大な論文がたった九日間で書きあげられたということを聞くと、やはり驚きを感じない人はいないであろう。

この「持久戦論」は、日中戦争の前途を予見した論文として有名である。すなわち、毛沢東は、日中双方の軍事力・国力・道義的立場などを分析したのち今回の戦争は、最初は「敵の戦略的進攻と味方の戦略的防御」ではじまり、やがて「敵の戦略的防御と味方の反攻準備」の段階に移行し、結局は「味方の戦略的反攻と敵の戦略的退却」の段階で終わると達観した。この論文は、ちょうど第二段階がはじまる直前に書かれたものであり、結局はその第二段階継続のまま一九四五年の日本の敗戦の時を迎えたわけであるが、中国の現実に立脚して説得力があり、徹底抗戦を志していた人々に大きな感銘《かんめい》をあたえた。

この毛沢東の軍事戦略論は、すでに一九二七年以降おりにふれて発表された戦略論の集大成ともいうべきものであるが、その特徴は、第一に根拠地理論に立脚していること、第二に非常にダイナミックな発想と思考形式で貫かれていること、第三に中国の場と世界の場というものを統一的にとらえていることなどの点に代表されうる。包囲と反包囲の戦闘形態を、中国の囲碁《いご》にたとえて解説している部分などはおもしろい。しかし、単なる軍事科学上の論理よりも重要なことは、結局毛沢東が「鉄砲から政権が生まれる」という中国の特殊性を重視し、将来の政治上の指導権を確立するため、同時に、当面日本軍にたいしてもっとも効果的な抵抗をおこなうため、遊撃戦争という方法をいろいろと説明していることである。すなわち中共軍は、強力な日本軍が国民党軍を追い、都市と交通路を確保する間に、日本軍の後方あるいは側面の農村地帯に進出した。そして、中共軍の進むところ、党細胞がつくられ、政府の末端機構が生み出された。いいかえれば中国共産党の活動する場は、日を追って拡大していったのである。こうして一九三八年から四〇年にかけて、いわゆる辺区は拡大し、共産党系軍隊は強化され、毛沢東の戦略は着々と成功をおさめていった。

整風運動へ

中共軍の勢力拡大は、国民党内の反共派にとっては不安なことであった。一九三九年にはいると、国民党系軍隊の共産党系軍隊にたいする暴行事件は、あいついだ。ときには公然たる武力衝突も起こった。共産党の活動をおさえるためにも「異党活動制限弁法」が秘密裡《り》に制定され、実行された。さらに一九四〇年にはいると、国民党の共産軍「制限」の方法は、露骨となった。当時、揚子江以南にあった共産党系軍隊は、新四軍として集結をはじめ、三八年秋には二万人余り、三九年にはその二倍以上となっていたが、国民党はこの兵力がまだ相対的に弱体であることに目をつけた。四〇年末、国民政府軍事委員会は、この新四軍に北上移駐を命令した。新四軍指導部は、最初その移駐命令の撤回を求めたが容《い》れられず、やむなくその中核部隊は北上して安徽《アンホイ》省南部の茂林に進んだ。四一年一月のことである。ところが強力な国民党軍がこれを待ち伏せし、軍規違反を理由に、これを撃滅した。死者は八〇〇〇人にのぼったといわれ、葉挺《ようてい》は捕虜となり、項英《こうえい》は戦死した。これを「皖南《かんなん》事件」と呼んでいる。毛沢東ら中共中央は、ただちにこれに抗議した。国民党軍事委員会の新四軍解散命令は無視され、陳毅《ちんき》軍長代理の下に新四軍再建がはかられた。中共中央からは劉少奇《りゅうしょうき》が現地にとび、政治委員として難局にあたった。再建された新四軍は、たちまち力をとりもどし、二年後には一〇万をこえる兵力に成長した。国民党反共派の陰謀は成功しなかったわけである。

このような状況下にあって、八路軍は、連隊単位に大規模な軍事行動を起こし、日本軍の各拠点を総攻撃した。これは一九四〇年の八月から一二月までつづき、「百団戦争」と呼ばれている。その目的は不明瞭であるが、おそらく国共対立激化の時に際し、中共中央が、「八路軍は遊撃するのみで攻撃しない」という国民党側の非難にこたえようとしたものと考えられる。また、当時日本軍は、いわゆるトーチカの包囲網を建設して辺区に脅威をあたえつつあったため、これに打撃をあたえるという目的もあったといわれる。とにかくこの「百団戦争」は、軍事的にはある程度成功し、日本軍は二万人ともいわれる死傷者を出したが、反面、八路軍の損害も少なくなく、加えて、日本軍は、八路軍の潜在的勢力に気がつき、四一年七月には岡村寧次大将の指揮の下、大規模な共産軍討伐戦を開始するにいたった。この討伐戦は「三光政策」と呼ばれるほど徹底的なものであって、とくに辺区においては、〝みな殺し〟作戦が実施された。この結果、一九四一年から四二年にかけて辺区の面積と人口は半分に減り、一時は五〇万人にまで増加したといわれる八路軍も三〇万人に減少した。

中共中央は、しだいに苦境のなかに孤立していった。国民党軍は中共軍をまったく救援せず、むしろ辺区を経済的に封鎖して、辺区民衆を苦しめた。他方、ソビエト－ロシアは、複雑化するヨーロッパの情勢に振り回され、三九年八月には独ソ不可侵条約を結び、九月にはノモンハンで日本と妥協し、一一月にはソ－フィン戦争を開始するなど、一般の中国民衆には理解できない行動をとりつづけていた。こういった精神的・物質的困難のなかにあって、毛沢東は、独自の方法をもって道を切り開いていった。一つは自力更生を基調とする中国独自の戦争と革命の道であり、一つは整風運動に象徴される軍・党・民衆の精神振興運動であった。そして、その遂行の途上にあって、陳紹禹《ちんしょうう》の発言力は急速に低下し、かれに代表されるソビエト－ロシア方式の革命路線は「克服」されていった。毛沢東の思想と指導権は、はじめて全党・全辺区に徹底されていったわけである。

中国革命の独自性

一九三九年九月、毛沢東は、中央社・掃蕩報・新民報の記者たちにたいして、つぎのように語った。

「中国の抗戦は、主として自力更生によっています。もし過去においても自力更生ということがいわれたとすれば、新しい国際的環境のもとでは、自力更生はさらにいっそう重要です。」

右の発言は、この部分だけを切り離して読むならば、別にそれほどの意味があるようには思われないかもしれない。しかし、当時中国共産党がおかれていた歴史的環境を考え合わせるならば、やはり注目せざるをえない。ここで中国共産党は、ソ連からの援助に、あまり期待しないことを表明しているのである。もちろんこの前後にあって、毛沢東は、ソ連のおかれている困難な立場をいろいろと弁護している。しかし、それだけに、毛沢東の心と思想は、ソビエト－ロシアから相対的に独立していったということができよう。

いまや毛沢東は、ソビエト－ロシアの革命方式とは異なる中国革命の独自性を主張しはじめた。一九三九年一二月の『中国革命と中国共産党』、および、一九四〇年一月の『新民主主義論』は、その意味で、一つの時期を画するものであったということができよう。前者は、中国共産党員の教科書とするため、何人かの同志たちと一緒《いっしょ》にまとめたものであるが、中華民族の歴史と特徴から説きおこし、中国革命の動力と性格とを整然と論じている。とくに農村を「先進的な」根拠地に変えていくこと、それも軍事だけではなく、政治的・経済的・文化的な革命根拠地にしていくべく論じている部分は、毛沢東の持論が発展したものとして興味深い。また、後者は、延安《イエンアン》における辺区の文教代表者大会でおこなわれた講演に、あらためて手を加えて出版されたものであるが、ここではっきりと中国の革命をソビエト－ロシア型の社会主義共和国とは違う新民主主義革命であると規定し、それを「革命的な植民地・半植民地の国がとる過渡期の形式」として説明

延安の農民とうちとける毛沢東

している。この論文は、いまだ、中国革命が結局はロシア革命の道を行くのか、それともロシアとは違う独自の道を行くのかは明らかにはしていないが、軍事戦略の独自性の主張についで、革命のあり方それ自体の独自性を主張しはじめたものとして注目される。

　こういった毛沢東思想の独自性が最大限に発揮されたのが整風運動であった。この運動は、一九四一年五月、毛沢東が、延安における幹部会で、「われわれの学習を改革しよう」と題する報告をおこなったことが、その発端となった。ここで毛沢東は、理論のために理論を学ぶような態度や、主観的な熱情だけで活動するような態度をきびしく批判した。それは、延安時代になってから大量に入党した青年・知識分子に警告を発するとともに、中国の事情をろくに知らないで命令を発する「留学生派」に打撃をあたえるものであった。まず中国をよく知ること、よく調査すること、そして実践すること、いいかえれば、まさに毛沢東が実行してきた方法を、全共産党員、全活動分子の共同資産として身につけるべきことが要求されたわけである。この毛沢東の指示は、一九四二年一月の「党の作風を整えよう」、二月の「党八股《とうはっこ》に反対しよう」、五月の「延安の文学・芸術座談会における講話」などで、さらに積み上げられた。ここでは、教条主義とかセクト主義とか、むずかしい文章を書いて得々《とくとく》としているような態度が批判された。とくに「延安の文学・芸術座談会における講話」では、労働者・農民・兵士の重要性があらためて指摘されるとともに、人民にも欠点があること、いわゆるプロレタリアートはプロレタリアートであるというだけでプチ－ブル意識がないわけではないといったようなことまでが指摘された。毛沢東の年来の考え方が、ここではじめて中共中央の正統的見解として、押し出されていったわけである。

こういった整風運動の推進とともに、毛沢東は、政治的・経済的方面でも独自性を発揮していった。たとえば、辺区の選挙制にあっては、「三・三制」といわれる方法が案出され、共産党員・民主諸党派・中間階級の代表たちがそれぞれ三分の一ずつ議席を占めるようにされた。これは共産党の独裁を防止するものとして、辺区の人々から歓迎された。また、生産の向上についてもさまざまな方法が考案され、あるいは「札工」とか「変工」とか呼ばれる雇農の集団化や農民の互助組織化が工夫《くふう》され、あるいは軍隊の生産自給運動のような大生産運動が実施された。とくに後者は、長期戦にはいって戦闘回数が減った兵士たちを養うという物質的目標からいっても、また、民衆の軍隊として兵士の質を高めるという精神的目標からいっても、きわめて有効な方法として、その効力を発揮した。

このようにして、毛沢東は、一九四一～四二年の危機をのりきるとともに、その指導権をしっかりと辺区民衆および共産党のうえに確立した。この闘争は、軍事闘争であるとともに文化闘争であり、経済闘争であるとともに政治・思想闘争であった。とうぜん、闘争には深刻なものがあった。このため、一九三八年以来たびたび予告されてきた中国共産党七全大会は、延期につぐ延期ということにならざるをえなかった。しかし、一九四三〜四四年には、辺区の生産力は、すっかり回復された。また民主主義も深められた。根拠地の人口は、境界線地帯の人々も加えると八〇〇〇余万に達し、また正規軍は四七万、民兵は二二七万、党員は九〇余万に発展した。中国共産党は、ここに不動の基盤を確立したのである。

中共七全大会

一九四三年五月、コミンテルンは解散した。しかし、中国共産党はもはやまったく動揺しなかった。五月二六日の中共中央声明は、コミンテルンが解消したとしても中国共産党は革命遂行上なんらの支障もないこと、また、中国共産党はすでに久しい以前から完全に独立して自己の政治方針を推進していることを明らかにした。この声明は、けっして強がりをいっているものではなく、中共中央の実際的な自信のほどを端的に示していた。

このコミンテルンの解散は、それでなくとも発言権を失っていた陳紹禹《ちんしょうう》らに最後的打撃をあたえた。もはや陳紹禹派といったような集団は中国共産党内に存在してはいなかった。ここで毛沢東は、中国共産党から徹底的に「左」翼偏向または「右」翼日和見《ひよりみ》主義の残りかすを取り去ることを決意した。一九四三年から四四年の四月にかけて、中国共産党の歴史が検討され、歴史上の誤りが再調査された。四月二〇日、中国共産党の第六期中央委員会の七中総会は、「若干《じゃっかん》の歴史的問題についての決議」を採択し、毛沢東路線の正統性を再確認した。その内容から判断すると、現在、問題となっている劉少奇《りゅうしょうき》は、終始、毛沢東に協力的態度をとったようである。また七中総会は、いずれ革命が農村から都市に波及し、全国的な革命の波が高まることを予想した。しかしその時期がそう早急におとずれてくることは予想していなかった。毛沢東の考え方からいうと、その時期と形態は、民衆の自覚的立ち上がりによって定められるべきものであった。

このような毛沢東路線の確立を背景に、一九四五年四月二三日、中国共産党七全大会が開かれた。集まった代表は五四七人、一二一万の党員を代表していた。また、この時点では、抗日根拠地は一九、辺区人口は九五〇〇万、中共軍は九一万と報告された。それは、中国共産党はじまって以来の大規模な大会であった。大会はまず、毛沢東路線の成文化をもって特徴づけられた。五月一四日、劉少奇は、「党について」と題する報告をおこない、つぎのように毛沢東をたたえた。

「わが毛沢東同志は、単に中国の有史以来の最大の革命家であり、最大の政治家であるばかりでなく、また、中国の有史以来の最大の理論家・科学者である。かれは、理論の領域において、大胆《だいたん》な創造をおこない、マルクス主義理論のうち、一部の、すでに時代おくれとなり、中国の具体的環境に適さなくなった個々の原理や個々の結論を捨て、新しい中国の歴史的環境に適する新しい原理と新しい結論とをもって、それに替えたのであり、したがって、かれはマルクス主義の中国化という、この困難な偉大な事業を成功的に遂行することができたのである。」

また、最終日の六月一一日に採択された中国共産党党章は、その「総綱」において、「中国共産党は、マルクス－レーニン主義の理論と中国革命の実践の統一思想である毛沢東思想をもって、党のすべての工作の指針とし、いかなる教条主義的・経験主義的偏向にも反対する」と、マルクス－レーニン主義に並べて毛沢東思想を対置させた。こうして、中国における独特のマルクス主義として発展してきた毛沢東の思想は、いまや毛沢東という個人のものではなく、中国共産党全体の共同の資産とされたわけである。

和平交渉から内戦へ

和平か内戦か

一九四五年夏、日本の降伏を直前にして、中国共産党は、むずかしい選択の分かれ道に立たされていた。このまま国共の協力をつづけて民主連合政府の樹立に全力をあげるか、それとも、ここで国民党と雌雄《しゆう》を決するかという分かれ道である。もちろん中国の民衆は、長いあいだ戦争に疲れ、国内の和平を切望していた。できれば、みんなで平和のうちに協力し、民主連合政府を建設することができるならば、それにこしたことはない。しかし、政治指導者としての毛沢東にとっては、ここで願望から問題を決めることはできなかった。重要なことは、どこまでも現実に可能な道を見いだすことである。

当時、中国共産党にとって、国内外情勢は、必ずしも楽観的といえるようなものではなかった。というのは、たとえばスターリンは、中国においてただちに革命戦争をはじめることを望んでいなかったし、また、だいいち中国共産党の勝利を信じてもいなかった。かれは、戦後の〝中国の民主的統一〟を主としてアメリカの指導に任せ、また、中国の国内にあっては、蔣介石の国民党政権を〝正統〟政府として承認しようとしていた。八月一四日に蔣政権と結んだ中ソ友好同盟条約は、その典型的なあらわれである。こういったスターリンの態度は、当時ソ連がおかれていたきびしい状況下にあっては、理解できないことではなかった。なぜならば、ナチス＝ドイツの侵略によってソ連の中心的地域は荒廃したままであったし、原子爆弾もいまだ研究段階にあった以上、万一にもアメリカと紛争をひき起こして第三の大戦の火をつけるようなことは厳に警戒しなければならなかったからである。しかし、ソ連の立場としても、中国共産党にとっては、やはり不満は不満であったに違いない。中国共産党としては、国民党と妥協するにせよ対決するにせよ、自国のことは自分で自由に決断できる立場を望んでいた。毛沢東は、八月一三日の延安《イエンアン》幹部会における報告で、戦後の時局を論じた際、「一部の同志たちは、原子爆弾をたいしたものだと信じこんでいるが、これは誤りである」、「われわれは自己の組織された力によって、すべての内外の反動派をうち破ることができる」と、民衆の力と自力更生を力説している。かなり婉曲《えんきょく》ないい回しではあるが、スターリンの考え方を間接的に批判していることは言葉《ことば》のはしばしからもうかがわれよう。もちろん、だからといって、毛沢東が内戦を望んでいたということではけっしてなかった。当時中共軍が一〇〇万人前後であったのにたいして国民党軍は四〇〇万人以上、装備も比較にならない。しかも一〇万に近い在華米軍が国民党に協力する可能性は強い。反面、東北(満州)に進出してきたソ連軍は、表面上、中共援助をさしひかえ、占領した重要拠点を国民党側にひき渡すことを約束している。当面の軍事情勢は明らかに中共側に不利であった。しかし、歴史の前進を信じ、民衆の力を信じている毛沢東としては、いずれこのような情勢が逆転するであろうと考えていた。時間さえかけるならば民衆はさらに目ざめ、土地革命は拡大し、中共軍は強化されるであろう。また、いずれアメリカ軍も撤退するであろう。毛沢東としては、内戦を急ぐ気持ちはなかった。しかし、まさにそのような状況こそ、蔣介石のもっともおそれるところであった。今をおいて、将来、共産軍を消滅させる機会はない。武力で一挙に共産軍を討伐するか、交渉で共産軍を解体させるか、それ以外の方法は考えられなかった。ここで蔣介石は、いわゆる和平交渉に若干の関心は示しながらも、主力は武力対決にしぼり、国民党軍の温存と再整備に心血を注いだ。他方、毛沢東は、蔣介石軍の攻撃を不可避とみてその対策に力を注ぐとともに、どの程度の譲歩をもって和平交渉の可能性を大きくすることができるかを、慎重に検討していった。

和平交渉

こうして国共関係が緊張の度合いを強めつつあったとき、とつぜん日本降伏の知らせがはいった。八月一〇日、日本政府が「ポツダム宣言」受諾のための打診をはじめたことが、いちはやく中国に伝えられたのである。いまや国共の眼前には、一〇〇万人の日本軍と広大な被占領地域とが無抵抗のまま横たえられた。この装備と地域を先におさえることは、その後の国共の力関係に重大な意味をもつであろう。このようにして国共両党は、日本軍の武装解除のための激烈な競争を開始した。まず、日本軍の戦線に密着して地理的に有利な立場にあった中共軍は、八月一〇日からいっせいに行動を開始し、華北さらに東北へと先鋒《せんぽう》隊を前進させた。東北で日本軍を武装解除していたソ連軍は、国民党を刺激しないよう注意しながらも、とにかくその武器を中共軍に渡していった。この結果東北にはいった林彪《りんぴょう》は、たちまち三〇万人をこえる東北民主連合軍を組織した。他方、蔣介石は、軍事委員長の名において中共軍が現在地にとどまるべ

軍装の蔣介石

きことを命令するとともに、アメリカ軍の船舶や飛行機をたくみに利用して、米式装備の精鋭部隊五〇万人を東北および華北に展開させた。とうぜん、各地において、国共両軍の小ぜり合いがはじまった。

しかし、とくに中国の都市住民たちは、国共内戦の再開を喜ばなかった。毛沢東も、このような世論の動向を重視した。またアメリカの当局者たちも、駐華大使となったハーレーを中心に、中国の平和統一に力を注いだ。蔣介石も毛沢東も、このような和平交渉のまとまる可能性には幻想をいだいていなかったが、しかし、アメリカの斡旋《あっせん》には応じた。こうして開かれたのが八月二八日から四三日間に渡った重《チョン》慶《チン》和平会議である。

この会議において、蔣介石は、あくまで中共軍の解体と辺区（解放区と改称）の消滅を主張し、また新しい民主連合政府における国民党の絶対的な指導権に固執した。これにたいして毛沢東は、八つの「解放区」の解消と中共軍の縮小（国民党軍の六分の一か七分の一）、新政府の中心となる政務院における国民党の優位的立場（国民党二〇、共産党一〇、その他一〇）を認めることによって、ある程度譲歩する姿勢を示した。この会議は、結局「双《そう》十節」（一〇月一〇日）の臨時協定という形でいちおうの成果をおさめたが、この間、毛沢東の柔軟な態度は、おおぜいの人々に深い印象をあたえた。重慶《チョンチン》における中国共産党の評判は、さらに高められた。加えて、このとき重慶《チョンチン》の「新民晩報」に毛沢東の詩、沁園春《しんえんしゅん》「雪」(一九三六年作)が公表され、その雄大な構想が中国知識階級に大きな感銘をあたえた。文化を尊重する中国の伝統において、この事実は、かなり重要である。国共以外の民主諸党派の人々の心も、この重慶会議によって、さらに共産党に接近していったということができよう。

内戦の開始

しかし、「双十節協定」は、蔣介石にとって、ほとんどなんの意味ももっていなかった。一〇月後半から一一月にかけて、空輸された国民党軍は、東北各地に進出し、国共両軍は、一一の省にわたって、小衝突をくりかえした。

このような状況にたいしてアメリカは、一一月にはハーレイに替えてマーシャルを特使に任命し、「双十節協定」の具体化に力を注いだ。しかし、一二月一五日のトルーマン声明にみられるような蔣介石の国民政府擁護第一主義の態度は、結果的には蔣介石の対決姿勢を鼓舞《こぶ》するだけの〝成果〟しかおさめなかった。

一九四六年一月七日、マーシャル・周恩来《しゅうおんらい》・張治中《ちょうじちゅう》の三者代表から成る「三人委員会」が発足し、つづいて一〇日、各党各派代表から成る「政治協商会議」が重慶で開かれた。この結果、一月三一日から二月二五日にかけて一連の決議が採択され、和平建国、憲法制定、国民大会召集、統一政府組織、停戦および整軍に関する協定などが締結された。しかし、これらの協定がどれぐらい実際的効果があるかということは、はなはだ疑問であった。三月、重慶で開かれた国民党の二中全会は、おりから開始されたアメリカの援助を背景に、国民党の絶対的指導権を保持する従来の方針を確認した。状況は複雑であった。三月から四月にかけて、中国共産党内においても一連の重要会議が開かれた。現在伝えられているところによると、このとき劉《りゆう》少奇《しようき》は、ソ連の意向をくんで和平統一説をとったといわれる。あるいは劉少奇に近いだれかがそのような主張をしたのかもしれない。とうぜん論議は紛糾《ふんきゆう》したことでもあろう。しかし毛沢東は、自分の考え方は変えなかった。和平統一は望ましい。ソ連が対米妥協政策をとることは理解できる。しかし、現実問題として蔣介石軍の武力発動は目に見えている。それに中国に内戦がはじまったからといって、それがただちに米ソ間の大戦に結びつくものではない。こういった毛沢東の考え方は、その四月に採択された「当面の国際情勢についてのいくつかの評価」という決議に明らかにされた。しかしその重要内容から考えて、しばらくのあいだは党指導者のあいだだけで回覧されることになった。もっとも党指導部の基本的な考え方は、なんらかの形で党員に伝えられる必要があった。また国民党との不利なたたかいを前にして、味方の陣営の士気を高めておく必要があった。このため用いられた方法が、八月の「アンナ＝ルイス＝ストロングとの対話」発表という形式である。ここで毛沢東は、反動派は見せかけは強そうでも長い目でみれば歴史の大勢《たいせい》に逆行して滅びていく「ハリコの虎」であることを力説した。また、この「ハリコの虎」という意味には、原子爆弾もふくまれていた。さらに毛沢東は、もしアメリカが侵略戦争を開始するならば、まっさきにその攻撃目標となるのはソ連ではなくて中国のような「中間地帯」であると論じた。ここで毛沢東は、ソ連の弱腰に一矢をむくいたのである。

それにしても国民党軍の攻勢は目前に迫っていた。蔣介石の態度がいかに挑戦的であったかということは、おりから本国とのあいだを往復してきたマーシャル特使さえ憤慨したということからもわかる。とくに東北各地においては、国民党軍の公然たる武力攻撃が開始されていた。もはや、ぐずぐずしていることは許されなかった。このようにして七月二〇日、毛沢東は、ついに「自衛戦争によって蔣介石の進攻を粉砕」すべきことを全党に指示した。総合戦力に劣る中共軍は、大都市を放棄して農村および中小都市に展開した。相互の大きな消耗を意味する陣地戦の方式は回避された。中共軍は望む時、望む場所で国民党軍を包囲し、これを各個に撃破するという運動戦に転じた。それはある意味では逃げ回る苦しいたたかいであったが、長い目でみると、じりじりと味方の戦力を増大させていくものであった。

毛沢東も延安《イエンアン》から脱出した。一九四七年三月、中共中央は二つに分かれて各地を転戦した。毛沢東は、周《しゅう》恩来《おんらい》・任弼時《にんひつじ》・彭徳懐《ほうとくかい》らと陝西《シェンシー》省北部の山間地帯を潜行した。新しい妻である江青夫人も、これにしたがった。他方、劉少奇や朱徳らは、中央工作委員会を組織して、党組織の維持と民衆工作に力を尽くした。延安でも洞穴のような住居に暮らしていた毛沢東の日常生活は、いっそう質素なものとなった。毎日の食事はジャガイモ・キビ・麦のパンにカブやキャベツ、それに少々の肉が加えられた。満足な家具は、一つもなかった。しかし、毛沢東の勝利の確信は不動であった。党員の信望も、日々に深まっていた。いまや将来の勝敗を決する鍵《かぎ》は、まず第一に、軍事的対決に、そして、より根本的には、その軍事行動をささえる民衆の動向にかけられていった。

整軍・整党・土地革命

この民衆の心をつかむためには、まず、みずからの軍隊が民衆の敵ではないことを示さなければならなかった。ここで中国共産党は、一九二〇年代末期以降確立してきた「三大規律・八項注意」を全軍に再公布した。そのことによって民衆は、国民党軍と共産党軍とを、はっきりと見分けることができるようになった。同時に中共軍は、積極的に民衆の悩みや苦しみを聞きあげる「訴苦《そく》」運動を開始した。また名称も八路軍とか十八集団軍といったような国民政府軍のバック－ナンバーから「人民解放軍」という名称にあらためた。これらの一連の政策は、一九四七年中に全軍に徹底されていったが、この結果、「人民解放軍」に参加する農民・労働者は激増し、厚い民兵層、さらに正規軍の基層を形成していった。

　このような、いわゆる整軍と同時に広大な民衆をひきつけていったのは、いうまでもなく土地革命である。この土地革命において毛沢東思想の特徴は、いかんなく発揮された。すなわち、ここで毛沢東は、どこまでも民衆の自発的な立ち上がりに重点をおいた。すなわち、当時中国農民は、戦争中の減租減息運動からしだいに地主の土地没収に進みはじめる傾向を示していた。毛沢東は、まずこの農民の立ち上がりを自然のままに任せた。「小作料のひき下げは、政府が恵むものではなくて、大衆闘争の結果、得られるものでなければならない。これは小作料ひき下げが成功するか否かの鍵である。小作料ひき下げのたたかいのなかで、行き過ぎの現象が生まれることは避けがたい。それが、ほんとうに広範な大衆の自覚したたたかいでさえあれば、行き過ぎの現象は、あらわれてから是正すればよい」と毛沢東は指示している（「小作料ひき下げと生産は解放区を守る二つの重要事項である」)。このような基本的態度のうえに、中共中央は、一九四六年五月四日、土地問題に関する「五・四指示」を発し、富裕中農もふくむ中農の利益は絶対におかさないこと、一般の富農と中小地主にたいしてもその土地と財産は保護すること、愛国的な郷紳層にたいしても適当な考慮をはらうべきことを指示した。このような土地改革の方針は、翌四七年九月の「中国土地法大綱」によって若干強化され、農民大衆による悪質地主の人民裁判なども合法化されていったが、民衆の意識の向上にともなって柔軟な土地政策を展開していくという基本方針は変えられなかった。とうぜん全体的な民衆の意向を無視して一部の民衆の要求だけを絶対化するような「左」翼的誤りは否定された。というのは、いわゆる革命的知識人によくある傾向として、一部の過激な民衆の要求を自己自身の観念的な革命主義と結びつけて、「大衆がやりたいというとおりにやる」といったような傾向が、当時の中国共産党内にあっても避けられなかった。しかし、それでは大部分の民衆が離反してしまう。そのような〝革命的せっかち病〟や〝大衆崇拝主義〟は、実際の革命運動においては、はなはだ危険である。民衆は思い切って立ち上がるよう、鼓舞《こぶ》されるべきである。しかし、みんながついてこなくなったなら、どこかに行き過ぎがあるのである。民衆は、行き過ぎをみずからの経験を通して学びとらなければならない。そのとき共産党は、適切な指導をあたえなければならない。こうして毛沢東は、くりかえし土地政策に関し、あるいは党内に、あるいは劉少奇らに注意をあたえた。それは、国民党とのたたかいを勝利のうちに前進させるには、どうしても必要な配慮であった。それはまた、当時の状況下にあって、きわめて現実的な指示であったということができよう。

ところで実際問題として、適切な土地革命を進めていくということは、いうことはやさしいが実行することは非常にむずかしい仕事であった。はじめて占領した地域でどうして正確に階級分析をおこなうことができるか、種々、異なった条件にみちている中国の各地方において、どうして適当な改革の政策を決めていくことができるか、いままでに民衆が発言する機会のなかった地域でどうして圧倒的な民衆の意向をつかみ取ることができるか、など、具体的な難問は尽きることを知らなかった。とうぜん、毛沢東の考え方の実行の成否は、各レベルの幹部・工作員の質と量とにかかってきた。しかし、とにかく必要な指導員の数は、あまりにも不足していた。抗日戦争中に一〇〇万人に達していた共産党員も、新たに獲得した地域と比べると、必要数の何分の一にしか達しなかった。ここで毛沢東の特徴は、ふたたび発揮された。かれは二〇〇万人から三〇〇万人へと拡大していった「人民解放軍」の戦士を、できるかぎり党員・工作員に転用していった。かれらは戦闘と指導の二重の任務をになっていったのである。しかも毛沢東は、こうして党員・工作員を急速に拡大すると同時に、かれらの再教育を並行して進めていった。いわゆる整党工作である。かれらの大部分は、生命をかけた戦闘に従事しており、それだけに自覚の度合いも進んでいた。また土地工作の実際に接することによって複雑な現実に対処する柔軟な思考方法を身につけていった。こうして一九四八年には、何十万人という新しい活動分子の層が形成されていったのである。

勝利への道

他方、国民党は、一九四七年三月には延安《イエンアン》を占領し、各地で攻勢をつづけたものの、全軍の戦意はふるわなかった。すでに蔣介石の独裁化の進展とともに国民党幹部層の精神的堕落は進んでおり、アメリカの多額な援助は、その腐敗《ふはい》を促進した。後方から送られる軍需物資のかなりの部分は、途中の指揮官レベルのどこかで横流しされ、前線部隊は補給のアンバランスに悩まされた。また、戦争中に右傾化した国民党政権の体質は、言論や出版の自由にしだいに圧力を加えていった。国民党支配下の農村では「二五減租」さえ満足に実行されず、都市におけるインフレの高進は、都市住民の心を国民党から遠ざけていった。米式装備に身を固めていた国民党軍も、まわりの民衆がすべて敵に見える錯覚に悩まされつづけた。

国民党政府の暴政にいきどおり
専売公社を襲う群衆（台北）

一九四七年一〇月、「人民解放軍」は宣言を発し、「人民解放軍」が蔣介石軍の攻撃を粉砕して、すでに大がかりに反攻に移ったことを明らかにした。一年前に四〇〇万人以上だった国民党員はすでに三〇〇万人に減少し、他方「人民解放軍」は二〇〇万人に増大した。両者の力量は、すでに甲乙つけがたいまでに接近していたのである。このような軍事情勢を背景にして、毛沢東は、四七年一二月二五日から四日間陝西《シエンシー》省北部の楊家溝《ヤンチャコウ》で中共中央拡大会議を招集し、四六年四月に幹部層に回覧した自力更生、「ハリコの虎」論の考え方を党内に公開し、従来の方針を確認するとともに、資本主義一般を敵とせず、民族商工業者を保護するという新民主主義の考え方を再強調した。

このような幅広い統一戦線の考え方と整軍・整党工作は、四八年春、さまざまの指令や報告の形で全党に浸透していった。党中央の指導もふたたび統一され、同年五月、毛沢東は、河北《ホーペイ》省平山《ピンシャン》県において、劉少奇《りゅうしょうき》の中央工作委員会と合流した。このようにして中共中央は、九月から一〇月にかけて一連の中央政治局会議を開き、勝利への道を検討した。その結果、中共中央は、内戦勝利を三年以内の時期に想定し、党活動の重心をしだいに農村から都市に移していくべきことを決定した。内戦は後半の段階にはいり、いまや新しい統一国家の建設が日程にのぼってきたのである。同じころ、国民党の秘密会議において、主戦派の何応欽《かおうきん》もまた、国共の力関係が逆転したことを認めた。中国共産党勝利への道は、ここに確定的となったのである。

中華人民共和国の成立

第七期二中全会

中国共産党が事実において勝利したことは、スターリンの中国革命観を是正していった。一九四七年九月コミンフォルムが結成されたころから、ソ連の新聞にも中国における人民解放闘争の高揚が伝えられるようになっていった。ソ連の国民政府にたいする態度も、しだいに冷たいものとなっていった。これと同時に、中国共産党の対ソ接近策も表面化していった。一九四八年七月、中国共産党は、ユーゴ除名に関するコミンフォルムの決定を支持することによって、ソ連の立場に好意的態度を示した。また一一月には劉少奇の「国際主義と民族主義」が発表され、プロレタリア国際主義の連帯の中国的理解が明確にされた。

他方、中国の戦局も、毛沢東の予想をこえて大きく転換した。四八年一〇月、国民党軍の最精鋭部隊一〇万余りが、長春《チャンチュン》において降伏したのである。いまや「人民解放軍」は、国民党軍に対等な近代的兵器を手に入れ、多大の出血と消耗をともなうとはいえ、陣地戦による力《ちから》攻めが可能になった。国民党軍の主力が東北で壊滅したとき、戦争のなりゆきは決定した。翌四九年一月、北京の傅作義《ふさくぎ》将軍は、たたかわずして降伏した。蔣介石は下野《げや》し、李宗仁《りしゅうじん》が替わって和平交渉を開始した。

いまや毛沢東にとっては、考えるべきことが山のようになっていた。あまりにも早く国民党軍が崩壊していったことは、新国家建設の日程を二年繰り上げる必要を生じた。経済的にも、思想・文化的にも遅れている中国をどうして急速に社会主義国家にしていくことができるかということも難問題であった。それに当面、国民党側の和平交渉申し入れをどうするかということも問題であった。こういうわけで、四九年三月河北省平山《ホーペイピンシャン》県で開かれた中国共産党の第七期の二中全会は、特別に重要な意義をもつものとなった。

ここで毛沢東は、はじめて中国の社会主義建設の問題と本格的に取り組んだ。中国を遅れた農業国から進んだ工業国に転化させるため、工作の重点を都市に移すべきことが力説された。都市プロレタリアートの指導的立場が、あらためて取り上げられた。また、中国経済が、なお前資本主義的状態にあることが考慮され、とうぶんのあいだは民族商工業者を保護する政策がとられることが明らかにされた。すべてこれらの考え方は、ロシア革命の経験を手本としたものであった。この段階で毛沢東は、一九四六年ごろとは対象的なまでにソ連の革命路線に接近したのである。そして同時に、毛沢東は、ソ連からの援助に大きな期待をかけていた。

しかし、だからといって毛沢東は、従来の考え方をまったく放棄したわけではけっしてない。毛沢東は、武力では打倒されてもなお強力な保守的勢力が残存していることは自覚していた。とくに戦争末期になって、多数の国民党側の軍人や政治家の降伏をそのまま受け入れていることが、新国家建設にあたってどのような複雑な問題を残すことになるのかも考えざるをえなかった。「銃を持った敵が滅ぼされてからも、銃を持たない敵はいぜんとして存在するのであって、かれらはかならずやわれわれと死にもの狂いのたたかいをするであろう」と、毛沢東は警告した。こういったとき、毛沢東にとって、やはりもっとも信頼することのできたのは「人民解放軍」の戦士であった。それはいまだ自覚していない都市プロレタリアートや新入の共産党員よりも現実に信頼しうる強力な自覚者の集団であった。ここで毛沢東は、この「人民解放軍」を「永遠の戦闘隊」と定義し、将来の巨大な「幹部学校」と表現した。アメリカ帝国主義、蔣介石の武装集団の存在、そして全中国に残存する厚い封建的勢力と封建的思想を考えるとき、それはある意味ではもっとも現実的な政治組織であった。

こう考えてくると、国民党の和平交渉提案には、うっかりのるわけにはいかなかった。もし下手《へた》に妥協して反動的勢力の残存を許すならば、もう一度同じような全国的規模の内戦をくりかえさなければならないであろう。しかし当面話し合いが成立するならば、これから予想される何十万人の流血は避けることができる。ここで毛沢東は、一部の国民党政府要人の新政府参加、しばらくのあいだの国民党軍の維持は認めたものの、いわゆる戦争犯罪者の処罰をふくむ八条件は堅持した。国民党内の世論は分裂し、和平交渉は行きづまっていった。

四月二一日、毛沢東は、「人民解放軍」にたいし、全国進軍の命令をくだした。

新国家の誕生

内戦の最終段階は、まさに枯葉をまくような勢いで進んだ。大部分の国民党軍兵士は、もはや真剣にたたかおうとはしなかった。部分的には根強い反共主義の軍隊の抵抗があったものの、少なからぬ部隊はただ「人民解放軍」の南下を待ちのぞみ、四月には南京《ナンキン》、五月には上海《シャンハイ》、一〇月には広東《カントン》が陥落した。一二月、ついに中国本土のすべての拠点を失った蔣介石は、五〇万余りの国民党軍を率いて台湾に脱出し、ふたたび「総統」の地位についた。

このようにして毛沢東は、新国家建設の基礎工作にのり出した。その新政府は、あくまで民主連合政府であるべきであった。ここで毛沢東は各党各派の人々を召集し、六月、「新政治協商会議」の予備会議を開催した。新しい中国の目標としては一九四五年以来唱導されてきた「独立・自由・平和・統一・富強」のスローガンがかかげられた。それはまさに民族民主統一戦線にふさわしいスローガンといえよう。

しかし、右のようなスローガンだけでは、将来の中国は強者の富み栄えるあたりまえの「民主主義国家」になってしまうかもしれない。それ以上に、中国に根強く残存する封建的勢力と思想の残存は、そのような「民主主義国家」の建設さえ許さないかもしれない。中国の現実を考えるとき、これらの反革命勢力からその力を取り上げておく必要がある。こうして毛沢東が考え出したのが「人民民主独裁論」であった。それは九〇パーセント以上の「人民」内部では徹底的に民主主義を実行するが、数パーセントの「反動」分子にたいしては独裁をおこなってその発言権を取り上げるという政策である。考えようによっては、はなはだ危険な考え方といえる。しかし、あえてその危険な道を選ばなければならなかったところに、きびしい中国の現実と過去の重荷があったのである。

一九四九年一〇月一日、中華人民共和国の建国の式典がおこなわれた。その直前の九月に開かれた「新政治協商会議」すなわち「中国人民政治協商会議」は、暫定的な憲法として「共同綱領」を定め、新政府の指導者を選出していた。いまや新政府の主席として五五歳の毛沢東は、北京の天安門《てんあんもん》の楼上に立った。新国家の成立を宣言した毛沢東の胸中には、おそらく感無量のものがあったに違いない。革命は、とにかく一つの到達点に達したのである。さきの「共同綱領」は、新国家の外交原則として、中国と平等・互恵の立場に立つ国国とは、すべて国交を樹立すべきことを明らかにしていた。ソ連をはじめビルマ・インド、さらにはイギリス・ノルウェーなどの国々も、つぎつぎに新中国を承認していった。

中華人民共和国の成立を宣言する毛沢東

建国の悩み

中華人民共和国は成立したが、建国の苦しみは、まだはじまったばかりであった。第一に台湾やチベットなど、中央政府の統制下にはいっていない地域が多く残っていた。第二に、反革命分子・地主階級の勢力が根強く残っており、国内の治安さえまだ確立されていなかった。第三に、長年の戦争に国土は荒れ果て、物資は欠乏し、都市のインフレはなお高進していた。第四に、新しい国家建設の一翼をになうべき国家の工作員や民族商工業者に、前近代的な悪習がなお、はびこっていた。第五に、新中国はなお、アメリカなど多くの資本主義国の「敵視」政策のなかにあり、国際的には孤立的状況のなかにあった。

現実主義的な毛沢東が、このような状況下にあってまっさきに手をつけたのが、ソ連との提携強化であった。建国直後の多忙ななかにあって、毛沢東は、四九年一二月六日から翌年三月四日までの長期間、中国を留守にしてソ連を訪問した。そしてこの訪問の結果、中国は、ソ連から毎年六〇〇〇万ドル、五年間合計三億ドルの借款《しゃっかん》供与を受けることになった。それはアメリカが蔣介石政権にあたえた借款に比べるとはるかに少なかった。おまけにこの借款の代償として、毛沢東は、モンゴルのソ連援助下の独立を認め、新疆《シンチャン》におけるソ連の合弁会社設置を承認し、旅順《リュイシュン》・大連《ターリエン》および長春《チャンチュン》鉄道のソ連軍使用を一九五二年末まで許可するという譲歩をよぎなくされた。おそらくこのスターリンとの交渉は、毛沢東にとってあまり愉快なものではなかったに違いない。しかしソ連の実情を見、その東欧援助の重要性を理解していた毛沢東にとっては、過大な期待をすることはみずからにもいましめていたでもあろう。一九五〇年二月、中ソ友好同盟条約を結んだ毛沢東は、友好裡《り》のなかにモスクワを出発した。

帰国した毛沢東がまず力を注いだのが、経済復興政策であった。それは当面まず必要であった。数か月のうちに、物価は安定し、インフレはとめられ、財政経済活動は統一された。それはソ連の新経済政策《ネップ》にも似たところがあり、中共中央の指導は、大きな成果をおさめた。経済復興政策についで重視されたのが、土地改革であった。ここでも毛沢東は現実主義的な態度をとった。生産の急速な向上をはかるため、富農経済を温存する政策がうち出された。ただしその政治的影響力を排除するため、新設の農民協会には入れないことにした。こういった物質的経済的政策と同時に、毛沢東が重視したのは、人間の精神的変革運動であった。五〇年四月に公布された婚姻《こんいん》法は、伝統的な中国の精神的支柱である家族制度に打撃をあたえるという特別の意味をもっていた。また六月に開かれた中国共産党の三中総会は、土地改革とならんで党員の教育問題に大きな関心をはらった。当時中国共産党員は四五〇万人に達し、出世主義者・投機分子の入党は続出していた。このため中共中央は同年の夏、秋、冬にかけて、大規模な整風運動を実施することを決定した。

こういった多難な状況下に起こった朝鮮戦争は、新中国に大きな重荷を負わせた。一〇月二五日、中国の「人民義勇軍」は、中国の表現でいうならば「ソ連を第二戦線にとどめておくことができるように」、朝鮮に出動していった。おびただしい兵士が戦場にたおれ、そのなかには楊開慧《ようかいけい》とのあいだに生まれた毛沢東の長男毛岸英《がんえい》の名もあった。アメリカは一時その防衛線から除外した台湾を防衛しなおすことを声明し、中国の全国統一の願いに打撃をあたえた。台湾の国民党政権は力づけられ、国内の保守的勢力も前途に〝希望〟を見いだした。また多額の戦費は経済復興政策に圧力を加え、国家工作員や民族商工業者に投機や金もうけの機会をあたえた。今日まで知られているかぎりの研究では、毛沢東が朝鮮戦争を望んだという証拠は、まったくない。

この難局にあたって、毛沢東の特徴は、ふたたび発揮された。すなわち、物質的建設の前提として精神的運動を強化することである。一九五一年から五二年にかけて、毛沢東思想を学習する運動が展開された。そのためのテキストとして、中共中央の「『毛沢東選集』出版委員会」は、過去の毛沢東の論文に入念に手を加え、第一巻および第二巻を出版した。また、党員や政治工作員の汚職や浪費、官僚主義を追放するための三反運動、民族商工業者の贈賄《ぞうわい》・脱税・ごまかし、国家の資材の盗み、経済情報スパイなどを禁止する五反運動なども繰り広げられた。他方、反革命分子を摘発するための「反革命懲治条例《ちょうちじょうれい》」が施行され、わずか半年に八〇万回に及ぶ人民裁判がおこなわれた。

この一連の政策をどう評価するかということは、はなはだむずかしい。すでに中国共産党は台湾を除く全国を統一し、いわゆる「執政」政党となっていた。また、そのことも関連して、党員の質の低下はおおうべくもなかった。さらに毛沢東にたいする「個人崇拝」の空気は、おさえがたい力で盛り上がりつつあった。このようななかでおこなわれた整風運動や反革命・汚職などの摘発運動には、どうしてもある種の偏向がまじっていたに違いない。しかし当面の難局を切り抜けるためには、それは必要な運動であった。そして毛沢東の方法は、実際に成功した。「反革命」は鎮圧され、土地改革は完成し、幹部の質もある程度向上した。一九五二年末、新中国は、社会主義的改造と建設の入り口にさしかかっていた。

新しい問題のはじまり

社会主義への移向の第一段階は、いちおう順調に進んだ。ソ連からの援助は、五三年三月のスターリンの死去後、むしろ、当初の約束より若干上回る額が提示された。第一次五か年計画も、最初の計画よりは遅れたが、五五年には本格的に開始された。社会主義への過渡期の第一歩を示す中華人民共和国憲法も、大衆の公開討論を経て、五四年六月には原案が固められた。五四年九月、最初の総選挙による第一期全国人民代表大会が開催され、社会主義への過渡期の憲法が採択された。従来の資本主義的私営企業は、少しずつ、半社会主義的・社会主義的な形態に改造されていくこととなった。商工業における国営企業や公私合営、農業における生産協同組合の促進などが、それである。国際的環境も、中国にとって若干改善された。五三年七月には朝鮮休戦が成立し、五四年夏には、ジュネーブの極東平和会議で中国の発言権が大幅に認められた。とくに中国とアジア諸国との関係は、平和五原則を軸に、いちだんと友好的なものとなった。

しかし、そうはいっても、すべてが順調というわけにはいかなかった。中国の経済はあまりにも遅れており、前近代的な部分が大きすぎた。統計資料、資源調査も不十分であった。また多くの幹部は建設とか計画経済には未経験であり、新しい難問にぶつかるたびに誤りをくりかえした。それにソ連からの援助も、けっして期待以上のものといったようなものではなかった。また、極東の国際秩序の安定は、けっして冷戦の終わりということを意味せず、むしろ現状をそのままに凍結していくといったような側面をもっていた。すなわち、台湾は、いぜんとしてアメリカの防衛の第一線に組み入れられ、「台湾解放」による中国の統一という毛沢東の悲願は、とうぶんのあいだ、果たされる見込みはなくなっていた。それは新中国の民族意識に大きな刺激をあたえただけではなく、それ以上に、新中国の「反革命」克服の努力を困難なものとした。というのは、台湾の国民党政権は、ことあるごとに「大陸奪回」を叫び、その存在は、新中国内の保守勢力を鼓《こ》舞《ぶ》したからである。われわれは台湾問題のもつ実際的・精神的意義をよく理解しておく必要がある。

こうして毛沢東は、一九五〇年代半ばには、つぎつぎに新しい経験にぶつかっていった。まず第一は、農村における社会主義の高まりである。もともと生産手段、つまり土地とか工場とかを集団所有にするということは、生まれながらに個人主義的利己心の強い人間にとっては、あまりうれしくないものである。とくに自分の土地の獲得を目ざして立ち上がった中国農民にとって、いったん自分の土地となったものをあらためてみんなの集団所有にするということは、よほど社会主義的に意識が変革されていないかぎり、みずから歓迎するはずはなかった。そこで中国共産党は、これらの人々にたいして利己心を克服するための教育をおこなう一方、土地改革によって土地が分配されるとほとんど同時に、互助組さらには初級合作社という形態の生産協同組合に転化していく政策をとった。というのは、このような政策は、精神的には社会主義的意識の前進をもたらし、経済的には、農業の生産効率を高めるものと考えられたからである。そこには、社会主義的工業化の資力を、なんとか農業の生産性向上から生み出そうという考え方が潜在していたともいえよう。とにかくこの結果、三〇戸前後を一つの単位とする協同組合は、一九五三年には一万余りにすぎなかったにもかかわらず、五四年秋には一〇万をこえ、五五年六月には六五万に急増した。しかし、この段階になると、しだいに抵抗も増大した。富農や豊かな中農は、平等化を喜ばなかった。協同組合になったのに生産性も向上しないところが少なくなかった。農業機械や肥料の不足は、組合化の成果をひき下げた。このため党員や工作員のなかには動揺するものもあらわれた。かれらは、どうして組合化をそんなに急がなければならないのかと不平をいいはじめた。ここで毛沢東は強力な指導にのり出した。毛沢東の手にはいっている報告に関するかぎり、農民大衆は社会主義を目ざして情熱的に起き上がりつつあるはずであった。毛沢東の考えでは、土地革命・民族革命に目ざめた農民は、いまや利己心を克服して社会主義を目ざしつつあるはずであった。「纏足《てんそく》をした婦人のようによろよろしてはいけない」、「指導は大衆運動より立ち遅れてはならない」と毛沢東は幹部たちをしかった。五五年七月の中国共産党省市区委員会書記会議の席上においてのことである。九月には、この農村における社会主義の高まりを奨励するための論説集がつくられた。また一〇月の中国共産党六中拡大総会では、毛沢東の考え方が、大勢を占めた。協同組合運動は、まさに爆発的な勢いで拡大した。同時に、小規模で、集団的所有も初歩的な初級合作社は、規模も村単位で、集団的所有も農具まで に及ぶ高級合作社に移行しはじめた。五五年一二月、毛沢東は、「五五年の下半期に、中国の事情は根本的に変化をとげた」とのべ、いまや農業面での半社会主義的協同化は一九五六年中に、そして社会主義化は、一九六〇年までに基本的に完了するであろうと語るにいたった。それは当初、だれも予想していなかった現象であった。

「スターリン批判」の波紋

毛沢東にとってはじめての経験の第二は、ソ連共産党第二〇回大会にはじまるソ連共産党との正面きっての論争であった。すなわち、この大会で、新しく指導権を獲得したフルシチョフは、「平和共存、平和的移行、スターリン批判」の三大問題を提起した。毛沢東としては、これに原理的に反対する理由はなかった。核戦争を避けるため米ソが平和共存に努力することはよいことである。これからの革命は、暴力革命という形を避けて、平和的変革の道を求めることはよいことである。スターリンに誤りがあるならば、それを批判するのはとうぜんであろう。しかし、現実主義者としての毛沢東は、いまフルシチョフがそのようなことをわざわざいい出すことの効果を疑った。まず平和共存は、平等・互恵、内政不干渉が現実に実行されている国々のあいだだけで成立するものである。アメリカが台湾の国民党政権を援助し、中国の内政に干渉しているかぎり、中米間に平和共存は成り立つはずがない。つぎに平和的移向は、中国革命の現実のなかでも模索されながらも、ついに成功しなかった。いま平和的移向をいうことは、現実には革命をやめて、妥協につぐ妥協を重ねろ、ということにしかならない。さらにスターリン批判は、まことに乱暴である。スターリンを批判するなら、その全体を批判すべきで、その個人的欠点を取り上げてロぎたなく中傷するだけでは、ただ世界の人の目に共産主義国家というものを極端にみにくい姿に印象づけるだけのことである。スターリン時代にこれに協力したフルシチョフには自己批判の必要はないか、ロシア共産党だけでこのような国際共産主義運動の共通問題を取り扱ってもよいのか。毛沢東の疑問は尽きなかった。

しかし、毛沢東は、駐ソ大使を通して、個人的にフルシチョフに注意を喚起しただけで、最初からソ連を批判することはさしひかえた。というのは、当時中国はソ連から援助を受けている最中《さいちゅう》であったし、それに共産党内部の問題は内輪《うちわ》の問題であると考えていたからである。加えて、同年の一〇月にはハンガリー動乱のようなたいへんな事件が起こり、フルシチョフもソ連の「大国主義」的な方法を反省せざるをえなくなった。そのかぎりでは、毛沢東の主張は、部分的ながらソ連に受け入れられたといってもよいであろう。したがって毛沢東は、「人民日報」社説に二回の間接的批判を発表しただけで、それ以上にはフルシチョフを追及しなかった。この年の九月には、久しぶりに中国共産党の第八回全国代表大会が開かれたが、その基調は、むしろ、ソ連共産党大会の問題提起を積極的に受けとめるという態度で貫かれていた。

フルシチョフと毛沢東（1958年）

すなわち毛沢東は、ソ連での「スターリン批判」の経験にかんがみて、「個人崇拝」の危険性を防止することに力を注いだ。中国共産党の七全大会にみられた毛沢東思想の強調は後退した。党規約も改正された。この八全大会では、むしろ劉少奇の活躍ぶりが目だった。そして、理論的にはかなり重大な問題点であったが、大会決議は、中国が、「すでにブルジョア民主主義革命を完成し、また、社会主義の勝利を基本的に勝ち取った」、「社会主義改造は、すでに決定的な勝利を勝ち取った」、「中国人民と帝国主義・封建主義・官僚資本主義との矛盾は、ブルジョア民主主義革命の勝利によって解決された」と宣言した。その基調は、明らかに正統的なマルクス主義の理解に接近していた。しかし、同時に、そこには人間の意識変革にたいする楽観主義が流れていた。

　そのような楽観主義は、ハンガリー事件にたいする態度にもあらわされていった。毛沢東は、ハンガリーの民衆の反ソ行動に部分的には敵対的矛盾を認めた。しかし毛沢東は、基本的にはこの事件をやはり「人民内部の矛盾」と考えた。人民内部の矛盾とか階級闘争とかは、どこまでも暴力ではなく団結―批判―団結の方式を用いて解決できるはずである。こうして毛沢東は、一九五七年二月、最高国務会議において演説し、「人民内部の矛盾の正しい処理の問題について」語り、学術上・芸術上の自由論争の促進として「百花斉放、百家争鳴」を奨励した。四月二七日、中共中央は、右の方針に基づく新しい整風運動を指示した。それは、政治的・物理的強制力をふくまない、純然たるイデオロギー闘争として進行するはずのものであった。しかし、毛沢東のこのような考え方は甘かったようである。中国における社会主義イデオロギーはまだ定着していなかった。とくに民主的各党各派の「共産党独裁」にたいする反感は根強かった。目ざめた人の前衛的集団であるべき党も、国家権力を背景にしたとき、そしてプロレタリア独裁の理論で絶対的正統性を主張するとき、その精神的圧力は、延安《イエンアン》時代よりもはるかに巨大なものとなっていた。人々は、その圧力を批判し、共産党員の個々の誤りを大きく取り上げ、ついにプロレタリアートや共産党の指導にたいしても疑問を投げかけはじめた。わずか一か月のあいだに、知識人・民主諸党派の人たちの共産党批判は、想像できなかったほど激化した。ついに五月九日、整風運動は反右派闘争に転化していった。積極的な批判も必要であるが、正しい反批判も必要であることが力説された。共産党の指導に疑問を投げかけた章伯鈞《しょうはくきん》・羅隆基《らりゅうき》・章乃器《しょうだいき》などの人々は、右派分子として摘発されていった。毛沢東の二月の最高国務会議における演説は、入念に加筆され、「百花斉放、百家争鳴」と反右派闘争とを統一的に理解できる形に整えられ、六月一八日に一般に公開された。

この整風運動の経過は、多分毛沢東にとっても心外であったに違いない。とくに知識人の思想変革ということのむずかしさを、毛沢東としても再確認せざるをえなかったであろう。しかし、このことによって、毛沢東の確信は揺らぐようなことはなかった。反右派闘争においては、権力の側からの圧力が加えられたとはいえ、ハンガリーのような流血の事態が起こるようなことはなく、むしろ社会主義のための思想闘争は深められていった。毛沢東の目から見るかぎり、中国革命は曲折の道をたどりながらも、ほぼ順調に前進しつつあった。とくに農村における協同組合の〝あらしのような前進〟は毛沢東を力づけていた。

ここで毛沢東は、さらに思い切った革命推進の方法を考え出した。大躍進である。

大躍進から
プロレタリア文化大革命へ

大躍進の背景

毛沢東が大躍進という方法を考え出した背景には、それまでの毛沢東の思想と経験とを再検討してみることが必要であろう。すでにのべたように毛沢東は、歴史における不断の前進を確信していた。そして、その前進の推進力となるものは、目ざめた民衆の力であった。それは巨大な力という物質的・量的なものであるとともに、明日の輝かしい世界を指向するという精神的・質的な性格のものであった。また、この民衆の目ざめを促進するものは、その目ざめた部分の前衛、すぐれた幹部であった。この幹部は、一面では民衆を指導し、一面では民衆自身の行動のなかから明日を指向するものを学び取るべきものであった。幹部の民衆のなかにおける社会的実践、主観的な行動能力が重視されたのも、そのためである。

そのような考え方によって、毛沢東は、中国革命を指導し、そして成功してきた。また、中華人民共和国建設後にあっても、同様に成功しつづけてきた。自分の土地を求めて立ち上がった農民は、いまや社会主義に向かっても立ち上がりつつある。一時は民衆の自発的な立ち上がりに立ち遅れた幹部も、いまや民衆とともに進みつつある。それとともに農業生産高も急激に上昇し、少なくとも毛沢東の手もとによせられた報告によると、中国の食糧年産高は、最低必要量の一億八〇〇〇万トンをはるかに突破し、一九五七年には二億四〇〇〇万トン、五八年には三億トン以上が見込まれている。これならば、農業増産によって生じた余力は、どんどん工業の発展のほうに回していくことができ、ソ連からの援助も、現状以上に期待する必要はなさそうである。それ以上に、中国は、だれもが予想していなかったほどの速さで、先進諸国に追いつき、そして、高度の社会主義国に成長していくことができるかもしれない。

こうして毛沢東は、一九五七年秋、革命をもっと思い切って促進する方針をうち出した。それは、一九五四年当時、一歩一歩社会主義に進んでいくと説明していた考え方を、根本的に変更するものであった。加えて、ソ連との関係も、若干のごたごたがあったにもかかわらず、五七年には改善されていた。同年一〇月、ソ連は、中国が望んでいた原子爆弾見本の提供をともなう「国防用新技術についての協定」を中国と結んだ。そしてそのソ連は、同年八月には大陸間弾道兵器の実験に成功し、軍事的にも対米優位に立ちつつあった。すべての国内外状況は、毛沢東にとって、満足できる状態に進みつつあった。同年一一月、毛沢東は、二度目のモスクワ訪問をおこなったが、このときの毛沢東の姿は自信にみちていたといわれる。このとき、毛沢東は、あるいは「東風は西風を圧する」と社会主義陣営の優位を強調し、また、「ハリコの虎」論を展開して、一九四六年以来の毛沢東の考え方の正しかったことをあらためて印象づけた。また、このとき出席した共産圏諸国の党指導者会議においては、ソ連共産党第二〇回大会が提起した平和的移行の考え方を正面から批判した。

こういった毛沢東の自信は、翌五八年四月の「ある協同組合を紹介する」という短い文章のなかに、典型的に示されている。

「共産主義精神が全国ですばらしい勢いで発展している。広範な大衆の政治的自覚が急速に高まっている。……この点からみれば、わが国が、工農業生産の面で資本主義の大国に追いつくには、これまで考えていたほど長い時間をかけなくてもよさそうである。党の指導のほかには、六億の人口が決定的な要因である。人が多ければ、論議は多く、熱気はあふれ、意気込みは高くなる。……他の特徴を除けば、中国の六億の人口がもつ著しい特徴は、一に貧窮、二に空白ということである。これらは見たところは悪いようだが、実際にはよいことである。貧窮であれば変革しようと思い、行動を起こそうとし、革命をやろうとする。一枚の白紙には厄介《やっかい》なものがないから、もっとも新しく、もっとも美しい文字を書くのにつごうがよいし、もっとも新しく、もっとも美しい絵をかくのにつごうがよい。」

こうして毛沢東は、中国の短所を長所に転化し、中国独自の共産主義革命を目ざしはじめたのである。

大躍進のはじまり

新しいこころみは、一九五八年五月、臨時の中国共産党全国大会ともいうべき第八期の第二次会議でうち出された。社会主義建設の総路線、大躍進、人民公社、いわゆる「三面紅旗」は、その後のスローガンとされた。とくに人民公社は、従来の高級合作社をいちだんと高次の大規模な組織に組み上げようとしたもので、中国における共産主義への前進の近道の一つと考えられた。この人民公社というのは、五〇〇〇戸から数万戸を一つの単位とし、能率的な生産をはかるとともに、独自の社会単位として、また政治単位として、さらに軍事的単位として、農村からさらに都市にまで拡大されていったものである。その夏、毛沢東は、みずから各地を旅行して歩き、民衆の向上への意欲を思い切ってひき出すために、人民公社の促進を激励して歩いた。同時に、毛沢東は、中国工業の飛躍的発展の基礎をつくるために、また、都市住民や知識人たちにも生産の実際にふれてその意識の変革を促進するために、大規模な鉄鋼大増産運動を指示した。いたるところに初歩的な溶鉱炉がつくられ、いままで鉄を取り扱ったことのない人までが鉄の生産に動員された。

人民公社

こういったとき、毛沢東の目から見るならば、フルシチョフの行動は、まことに不可解なものであった。すでにフルシチョフは、五七年一一月、毛沢東の平和的移行批判には鋭い反発を示していたが、五八年にはいってソ連内部における指導権が固まるにつれて第二〇回党大会の線に全面的に復帰しはじめ、米ソ協調の政策を推進しようとしていた。このため、五八年七月、いわゆる中近東問題が発生すると、大国間の平和的話し合いによる解決方式を求め、毛沢東とはげしく対立した。このときフルシチョフは、毛沢東を説得するため北京にとんだが、大国の話し合い方式による解決法はついに賛成を得られず、おまけに人民公社や台湾問題などについて激論をまじえることとなってしまった。断片的な資料の伝えるところによれば、フルシチョフは、人民公社についてはこれを「危険な実験の道」と批判し、台湾問題については、一時的に独立的緩衝国としての台湾を認める方式をすすめたといわれる。しかし毛沢東は激怒した。それはどちらも中国の内政にたいする干渉である。とくに台湾の存在は、かつて革命ロシアがつくった「極東共和国」のソビエト－ロシアにおける存在とは、まったく性格も影響力も異なる。毛沢東のフルシチョフにたいする抗議とその信念の表示のためにとられた方法が、八月二三日にはじまった規則正しい金門《チンメン》・馬祖《マーツー》島砲撃であった。それは、世界の人々にはまことに奇妙にみえる予告砲撃であったが、いかにも毛沢東らしい意思表示の方法であったともいえよう。

大躍進の行きづまり

しかし大躍進の実行にあたっては、現実主義者毛沢東の名にそむく、いくつかの誤算があった。

第一は、フルシチョフの反撃が、予想以上にあくどいものだったことである。すなわちフルシチョフは、毛沢東の態度に怒り、中国に原子爆弾を提供することに不安を感じ、二年前に結んだ「国防用新技術に関する協定」を一方的に破棄した。一九五九年九月のことである。つづいて同じ年の九月、おりからはじまった中印国境紛争に関し、ソ連は、まったく中立的立場に立って和平を勧告するタス通信を発表した。いうまでもなく中国は社会主義国であり、インドは本質的に資本主義国である。タス通信の中立的立場は、その発表自身が中国にたいする非友好的姿勢を示していた。さらに一九六〇年夏には、一三九〇人といわれたソ連人技師がとつぜんひきあげた。同時に青写真・設計図の一部が焼き捨てられ三〇〇件以上の契約が破棄された。それは、中国の社会主義建設に重大な打撃をあたえた。毛沢東はフルシチョフのこのような背信的行為をほとんど予期していなかった。そこには、プロレタリア国際主義の美しい理念にたいする幻想が残っていなかったといいきることはできないであろう。もちろん毛沢東は、コミンテルン時代から、プロレタリア国際主義の理念がどこまでも理念以上のものではないことを実体験によってかみしめてきた。しかし、さすがのスターリンも、社会主義国の兄弟として、果たすべき最低の義務はとにかく果たしてきた。だから毛沢東も、ソ連に期待すべきこと以上には期待しなかったが、その協力的態度には信頼をよせてきた。したがって、さすがの毛沢東も、フルシチョフのこの暴挙までは予想できなかったに違いない。

第二は、毛沢東の判断の基礎となっていた食糧の大増産がウソだったことである。もちろん、統計集計上のミスという技術的な問題はありうる。しかし、それにしても誤差が四〇パーセントというのは、あまりにもひどすぎる。そこには明らかに、故意の水増し報告があった。そしてそのような水増し報告がおこなわれたということは、幹部の質が著しく低下していたことを意味した。これは毛沢東の予想以上だった。すでに共産党員の八〇パーセントは、中華人民共和国建設後の入党者であった。かれらの多くには出世主義・官僚主義が身にしみ込んでいた。上級機関のおぼえをよくするために、かれらは、あるいは単なる希望的な予測から、あるいは故意に、過大な水増し報告をしたのである。

第三に、一九五九年から、従来にはみられなかったほどの大きな自然災害が起こった。それは、中国全耕作地の三〇ないし四〇パーセントに及んだといわれている。一九六〇年の食糧生産高は一億五〇〇〇万トン、六一年は一億六〇〇〇万トンと、必要量を大きく下回った。各地の貯蔵食糧は食べ尽くされ、栄養失調的状況は「人民解放軍」の内部にさえ広まった。もちろん、自然災害はある程度不可抗力といってもよいであろう。しかし今度の〝自然災害〟には、明らかな人災ともいえるような要素もまじっていた。あまりくわしいことはわからないが、食糧の水増し報告に基づくゆがんだ計画とあいまって、農業と工業、農村と都市、水利と耕地にたいする労働力の配分にも狂いがあった。また急激な人民公社化は、社会主義的集団意識の遅れた相当部分の人々の労働意欲を減退させた。形のうえでは農業生産の社会主義的組織化に協力した人人の多くも、心のなかではこのような変化をあまり歓迎していなかったのである。

以上のような誤算を、毛沢東が、どれぐらい自覚的に把握していたかは不明である。しかし毛沢東は、五八年末以降、人民公社の行き過ぎや報告の水増しには気がついていた。誤りが発見されると、毛沢東は、ただちにそれを是正していった。しかし毛沢東は、大躍進の基本的な発想がまちがっているとは考えなかった。むしろ大躍進を成功させるためには、どのような障害を取り除かなければならないかを考えた。このため、ソ連的発想に立って大躍進を本質的に否定する考え方は許さなかった。一九五九年八月、蘆山《リュイシャン》において開かれた中国共産党の八中全会において、国防部長の彭徳懐《ほうとくかい》や参謀総長の黄克誠《こうこくせい》などがはげしく非難されたのは、そのためと考えられる。かれらは、軍人として、しだいに職業的・専門家的意識を成長させ、中国の「人民解放軍」を民衆の目ざめた部分の中核とする毛沢東思想から離れ、いわゆる〝軍の近代化〟をもくろんでいた。したがって中国軍の強化のため、ソ連からの援助をたいせつなこととしていた。かれらの発想からは、どうしても大躍進が理解できなくなってきていたのである。

いまや毛沢東は、自己の理論を根本的に再検討し、それを再強化する必要に迫られていた。そうなると国家主席としての雑務は、わずらわしかった。五八年一二月、毛沢東は次期の国家主席には立候補しないことを明らかにした。そして翌年四月の全国人民代表大会でその地位を劉少奇《りゅうしょうき》にゆずり、みずからは党主席の名を称することになった。

その二か月後、毛沢東は、故郷の韶山《シャオシャン》に三二年ぶりに帰った。農民は、昔と同じように働いていた。しかしその社会も、そして毛沢東自身も、すっかり変わっていた。それよりも、「日月をして新しい天に変えた」この日を見ることなく、革命の途上に死んでいった多くの友人や肉親が思い起こされた。このときの毛沢東の「韶山《シャオシャン》にいたる」の詩は有名である。しかし毛沢東の心は、過去をしのぶことにはなかった。〝功なり名とげて〟故郷に帰ったのではなく、毛沢東は、その出発の原点に返って、新しいたたかいをはじめようとしていたのである。

劉少奇

劉少奇路線

毛沢東が理論問題に専念し、とくにソ連との理論闘争をはじめようとしていたとき、新中国の運営の中心は、劉少奇に任されていた。劉少奇は、もともと、ロシア革命をモデルとするいわゆる正統的マルクス主義に比較的近い人であった。しかしかれは、とくに延安《イエンアン》時代以後、終始、毛沢東思想をその指導理論として立ててきた。もちろんときには劉少奇的な考え方が毛沢東に影響を及ぼし、毛沢東の言動の幅を広めるような役割を果たした時期もあった。それにもかかわらず劉少奇は、注意深く毛沢東の発言内容をくりかえし、みずからを毛沢東の後継者としての地位以上に出ることのないよう自制してきた。一九五九年に劉少奇が国家主席の地位をひきついだのも、まさに従来の姿勢をそのまま保持してきた結果であった。

とうぜん劉少奇は、毛沢東的な見地を保ちながら、危機のりきりに全力をあげた。ソ連の援助には頼らない自力更生の方針が貫かれ、幹部の再教育が強調され、毛沢東思想学習の重要性が叫ばれた。しかしその内容は、毛沢東の考えているものと微妙に違っていた。劉少奇の人脈につながる人々が国家や党の要職に登用されていったことは、いわゆる劉少奇路線の表面化を促進した。

すなわち、劉少奇は、まず生産力の回復に力を注いだ。国家の基本計画は修正され、重工業の建設計画は縮小され、農業を基礎とする方針がうち出された。生産意欲を向上させるため、人々の意識と経済発展段階の現実に合わせて、人民公社は後退し、以前の高級合作社や初級合作社のレベルに相当する生産大隊、生産隊の役割の比重が増し加えられた。また、農民個人が自分のものとして耕してもよい土地として若干の自留地が認められた。とうぜん、いわゆる自由市場も生まれた。他方、工場にあっては、工場長・技師など専門家の役割が重視され、工場を合理的かつ能率的に運営するための方法として工場規則制度がとられた。また政府の行政機構にあっても、行政専門家を中心とする合理的・統一的制度が採択され、党機構にあっても、党中央の指示を徹底するための党中央地方局が復活された。もちろん専門家のエリート意識や国家・党幹部の独善主義もおさえるため「思想もりっぱ、専門もりっぱ」というスローガンがかかげられた。同時に、従来の幹部・工作員の欠陥を是正するため、大々的な整風運動がおこなわれ、多数の幹部は肉体労働や末端の経験をするため、ぞくぞく各地に「下放」されていった。こういった点からみるかぎり、劉少奇の路線は、中国の特徴をよくいかした独特の合理的路線ということができよう。事実、経済上の危機は克服され、一九六二年以後、中国経済全体は、好転の道をたどりはじめている。

劉少奇路線批判のはじまり

しかし、劉少奇のやり方は、毛沢東にとっては不満であった。生産向上のためやむをえない方法として採用した自留地とか奨励金制度のようなものは、毛沢東が人間社会の最大の悪の源泉と考えていた人間の利己心を刺激した。事実、自分がトクをすればよいといったような風潮は、たちまち広まっていった。また、「思想もりっぱ、専門もりっぱ」というのは聞こえはよいけれども、実際には専門家重視をごまかすだけのスローガン以上のものではなかった。人間社会には、どうしても専門家、つまり賢い人が、より大きな富と力とをもち、より尊敬されていく必然的な傾向がある。とくに中国のようにエリート主義の伝統で凝り固まった国においては、専門家は民衆のためにと口ではいいながら結局は民衆の上に立ってしまう。それに毛沢東の目から見れば、劉少奇のやっている幹部の整風運動も、中途はんぱなものであった。すなわち、劉少奇グループの整風運動は、むだをなくし、汚職をなくし、非合理的なものをなくすことに重点がかかって、もっとたいせつな革命の能動的主体性のひき出し、意識と思想の変革、組織のあり方の根本的な是正などにはほとんど心が向けられていなかった。その結果、自己批判を迫られて苦しむのは中・下級幹部だけで、上級幹部は、たまに肉体労働に参加するだけで事実上免責されていた。

さらに毛沢東を刺激したことは、一九六二年にはいると、劉少奇の独自の顔がしだいに表面に出てきたことである。たとえば劉少奇は、社会主義建設には非常に長い時間がかかることをことさらに強調して、事実上、大躍進の精神を批判するような態度を示した。同年春には、「穏歩前進《おんぽぜんしん》」といったようなスローガンをもち出して、ソ連を喜ばせた。また、八月には、劉少奇が一九三九年に書いた『党員の修養を論ず』を加筆のうえ再版して、大々的に売り出した。もちろんこの新版は、注意深く毛沢東思想の指導性をたたえてはいたが、その大量の出版は、『毛沢東選集』の出版数をしのぐほどのものがあった。さらにまた、劉少奇時代に要職についた呉晗《ごがん》・鄧拓《とうたく》・廖沫沙《りょうまつさ》らの知識人グループの態度は、いっそう露骨であった。かれらは、大躍進時代にみられたような精神主義的風潮を随筆にことよせて、あざけり笑った。

一九六二年九月、おりから開かれた中国共産党の十中総会において、毛沢東の直接的指導が開始された。文化戦線・思想戦線における階級闘争の重要性が強調され、単なる整風運動ではない本質的な社会主義教育運動が提起され、人民公社のような集団経済を促進すべき旨が指示された。同じころ、対外政策も強化され、国境地帯に進出していたインド軍には強力な反撃が加えられ、また、キューバ事件をきっかけとするフルシチョフの中共非難開始には、本格的な反論が展開された。

翌六三年、実質的な劉少奇路線批判は、いちだんと強化された。このとき、毛沢東の発言を強力にバックーアップしたのは「人民解放軍」であった。すでに説明したように、毛沢東にとって「人民解放軍」は、目ざめた民衆の中核の中核たるものであり、共産党が共産党としての質を失ったときには、いつでもこれに代わって活動し、共産党を再建する役割を果たすべきものであった。この「人民解放軍」は、一九五〇年代後半、彭徳懐《ほうとくかい》の指導のもとに一時は通常の近代国家の職業的軍隊に転化する可能性をはらんでいたが、五九年、国防部長が林彪《りんぴょう》に替わって以来、伝統的な「人民解放軍」の性格のものに、もどりつつあった。この「人民解放軍」は、一九六〇年以来、政治教育をやりなおし、六三年春には、社会主義教育運動の先頭に立ちはじめた。そこでは、毛沢東思想を学習し、政治第一によって革命的能動性をふるい立たせ、「私」に象徴されるあらゆる利己的な考え方と伝統とを打破し、「公」に代表される民衆のため、社会のために尽くすべきことが強調された。そしてそのような理想を実現した人物として、雷鋒《らいほう》とか宋恩珍《そうおんちん》のような若い戦士が取り上げられ、かれらに学ぶべきことが奨励された。また毛沢東は、五月三〇日、「農村における社会主義教育についての十か条の指示」を発し、このような社会主義教育運動が、広範な農民層のあいだに展開していくことを期待した。ここで毛沢東は、このような思想変革運動をどうしてもやらないわけにはいかないことを、つぎのような言葉で語った。

「そうしなければ、それほど多くの時を経ないうちに、少なければ数年、十数年、数十年のうちに、マルクス主義の党は、修正主義の党、ファシストの党に変わってしまうに違いなく、そうすれば、全中国に変色がおき、全国的な反革命の権力復活が実現するのは避けられないことになる。」

こうして劉少奇が進めてきた整風運動は事実上否定され、新しい社会主義教育運動が展開していった。

劉少奇派の反撃

事態がここまで進むと、劉少奇を囲む人々の反撃も強化されていった。すでに劉少奇に忠誠を誓う人々は、共産党の組織にあっても、政府部内にあっても、また、労働組合指導の機関内にあっても、強力な基盤を形成していた。しかもかれらの多くは、自分たちの考える合理的な革命方式に自信をもっていた。もっともかれらとしても、すでに中国民衆のなかに定着した毛沢東にたいする高い信望の念を無視することはできなかった。公然と毛沢東を批判したり、むき出しの物理的強制力を用いることは、どこまでも避けられていった。この結果、毛沢東路線と劉少奇路線のたたかいは、基本的には思想闘争・文化闘争の形をとっていった。劉少奇たちは、表面上は毛沢東の指示を受け入れる姿勢をとりながら、実際には自己の指導力を保持するよう、ねばり強い抵抗を示していった。

まず、毛沢東の「農村社会主義教育についての十か条の指示」は、彭真《ほうしん》らによって注意深く書き換えられていった。これは毛沢東の「前十条」にたいして「後十条」と呼ばれ、一九六四年の四月に作成され、一一月に公布された。また、毛沢東は、人間の意識や思想に大きな影響を及ぼす文学や芸術にとくに注意し、六三年一二月と六四年六月の二度にわたり、多くの共産党員が封建主義や資本主義の芸術には熱心だが社会主義の芸術の提唱には不熱心であることをしかった。これにたいして彭真《ほうしん》や陸定一《りくていいち》たちは、むしろ先頭に立って「文化戦線の大革命」を推進した。こうして高級党学校校長の楊献珍《ようけんちん》や中国作家協会副主席の邵荃麟《しょうぜんりん》など多くの有名な知識人たちが批判の的とされていった。

　このようにして毛沢東は、もっとはっきりと、共産党内において指導的立場に立っているいわゆる実権派を、当面の打倒すべき目標として指摘するにいたった。一九六五年一月の二三か条から成る「農村の社会主義教育運動のなかで当面提起されている若干の問題」が、それである。ここでは、「今回の運動の重点は、党内で資本主義の道を歩んでいる、あの当権派（実権派）を清掃し、都市・農村の社会主義の陣地をいっそう強固にし、発展させることにある」と明確な指摘がおこなわれた。毛沢東がスノーに語ったとして新聞が伝えたところによると、毛沢東は、この段階で、民衆の自己にたいする「崇拝」の念を活用することを決意したといわれる。同時に、「人民解放軍」内の政治教育も徹底され、同年五月には階級制度が廃止されて建国期以前の同志の軍伝統が復活され、九月には林彪《りんぴょう》の「人民戦争の勝利万歳」と題する論文が発表され、羅瑞《らずい》卿《きょう》参謀長などにみられた毛沢東論文の消極的解釈方法が排除されていった。

他方、劉少奇たちは、中共中央を固めることによって毛沢東の発言力の影響を最小にするよう努力していった。同年の九月末から一〇月にかけて、中共中央の工作会議(政治局常務委員中心)が開かれたとき、毛沢東は、北京市副市長であり民主同盟副主席であった呉晗《ごがん》を批判するよう指示したものの、少なからぬ人々はこれを黙殺し、その発言を発表する機会を提供しようとしなかったといわれる。もっともこの段階で、劉少奇がどれぐらい組織的に抵抗しようとしたのかは明らかではない。あるいは彭真《ほうしん》らが中心となって暗躍し、これに事実上の支持をあたえていただけであったのかもしれない。とにかく、毛沢東は、このような北京の空気にいたたまれず、一一月、北京から上海へと〝脱出〟するにいたった。

プロレタリア文化大革命の発動

上海に到着した毛沢東は、ただちにその影響力を発揮しはじめた。一一月一〇日、上海の「文匯報《ぶんわいほう》」に、姚文元《ようぶんげん》署名の「『海瑞《かいずい》の免官《めんかん》』を評す」と題する論文がのった。それは、劉少奇グループ内の有力者呉晗《ごがん》が書いた小説を直接批判することによって、闘争が、文化闘争の形をとりながら事実上政治闘争の段階に進んだことを告げるものであった。同時に、「人民解放軍」の毛沢東にたいする忠誠を固める工作がつづいた。一二月三〇日から翌六六年一月一八日にかけて、全軍政治工作会議が開かれた。もちろん羅瑞卿《らずいきょう》の姿は見えなかった。つづいて二月二日から二〇日にかけて、江青夫人の招集による「部隊の文学・芸術活動についての座談会」が開かれた。ここで、毛沢東の「延安《イエンアン》における文芸座談会講話」が手本として再確認された。他方、北京の彭真らは、中共中央の首脳部の会議を開き、いわゆる「二月テーゼ」を採択した。ここでは、論争は一方的ではなく、学術的にもおこなわれるべきこと、また、闘争は、上級機関の指導を受けて細心におこなわれるべきことが力説された。しかし、党中央における彭真《ほうしん》の〝独走〟は、かえってかれを窮地に追い込んでいった。この「二月テーゼ」は、五月には取り消された。同じ月、「人民解放軍」の機関紙「解放軍報」は、いわゆる党の「権威者」批判を開始し、社会主義文化大革命の発動を告げた。五月七日、毛沢東は、有名な「五・七指示」を発し、つぎのように「人民解放軍」の独特の性格を明らかにした。

「人民解放軍は大きな学校でなければならない。この大きな学校は、政治を学び、軍事を学び、教養を身につけるところであり、自分に必要な、いくらかの生産物および国家と等価交換する生産物を生産するために、農業生産と副業生産に従事することも、若干の中小工場を経営することもできるところである。」

こうして「人民解放軍」は、党の誤りを是正する力の中核として登場してきた。それは、毛沢東思想の結晶を体現すべきものであった。しかし、一九四九年以前とは異なり、その武力発動は極力避けられた。直接的な武力発動ということは、社会主義革命段階にあっては、理論的にも現実的にも好ましい現象ではなかった。ここで具体的な力として登場したのが若い世代、とくに学生であった。というのは、学生というものは、「破私立公」という毛沢東思想の精髄をもっとも純粋な形で受けとめる可能性が強く、かつ、組織的行動力という現実的な力をもっているからである。しかも大学・専門学校という場所は、いわゆる専門を身につける場であり、善《よ》かれ悪《あ》しかれ専門教育というものの功罪を、すなわち、劉少奇路線の長所と短所とを、実感をもって経験することのできる場である。したがって、もし学生層が「人民解放軍」の支援のもとに立ち上がったならば、劉少奇指導下に「資本主義の道を歩みはじめた実権派」に打撃をあたえることができるであろう。

このようにして文化大革命の鋒先《ほこさき》は、大学に向けられた。一九六六年五月二五日、北京大学に、学長兼党書記である陸平《りくへい》を批判する「壁新聞第一号」がかかげられた。六月一日、毛沢東は、これを支持することを明らかにした。知識人・党幹部にたいする批判は、北京においても拡大した。驚いた劉少奇らの中共中央は、中国共産党北京市第一書記の彭真《ほうしん》を李雪峰《りせつほう》に替えるとともに、党宣伝部長を陸定一《りくていいち》から陶鋳《とうちゅう》に替え、改革の誠意のあることを示した。しかし同時に、多数の「工作組」を北京大学をはじめ清華大学などに派遣し、各大学の党幹部失脚によって生じた党指導の空白を、臨時指導部で埋めようとした。その真のねらいが、学生の大衆的立ち上がりを統制することにあったことはいうまでもない。これとともに劉少奇らは、中国共産党中央委員会総会を開いて、この難局をのりきろうとした。

しかし、いわゆる劉少奇路線は若い世代にあまり人気はなかった。各大学における論争は激化し、工作組の派遣は失敗の色を濃くしていった。こういったとき、七月下旬、毛沢東は林彪と共に北京にはいった。そして八月五日、毛沢東はみずから大字報（壁新聞）を発表し、「一部の指導的同志」をきびしく非難した。八月一日から開かれた中国共産党第一一総会では、中央委員以外の多数の若い世代の列席のもと、毛沢東の指導的立場は再確立していった。八月八日には、「プロレタリア階級文化大革命に関する一六項目」の決定が発表された。そこには、思い切って大衆を立ち上がらせるという毛沢東の考え方が全面的に展開されていた。そして、この文化大革命を推進するための組織として、文化革命班・文化革命委員会・文化革命代表大会のような常設の大衆組織が提起され、その代表選出方法には、「パリーコンミューン」方式のように、何重もの大衆討論による全面的な選挙制が勧告された。同時に、革命における合理性も強調され、暴力をふるう方法は否定され、道理によって相手を納得させるべきことが説かれた。こうして八月一二日、総会が終わったときには、党中央の指導権は毛沢東の手中に取りもどされ、また、毛沢東の後継者としての林彪《りんぴょう》の地位も固められていた。

九全大会へ

その後、九全大会にいたる過程は、それまでに形成されてきた毛沢東思想の、政治的ダイナミックスにたいする直線的適用であった。

まず八月二〇日、街頭に姿をあらわした紅衛兵の直接行動は、人々を驚かせた。かれらは、古い思想、古い文化、古い風俗、古い習慣を打破しようという理念を、そのまま政治的行動に表現した。かれらは、ホテルの名まえを変え、街路の名まえを変え、道行く人々の服装を批判し、共産党員の行動までに警告を発した。そして、いったん発展しはじめると、無限に拡大していった。それはたしかに古い意識のなかに眠っている人々を揺りさまし、エリート意識のなかにいた党員や幹部に打撃をあたえた。しかし、同時にこの運動は、政治的には一種の無政府主義的状態を生み出していった。

紅衛兵

毛沢東は、この紅衛兵運動を、ある程度そのまま発展させていったうえで、そのエネルギーを新しい闘争のなかに吸収していった。いわゆる奪権闘争である。すなわち、新しい中共中央を確保した毛沢東・林彪《りんぴょう》は、つぎには各地方の党・政府機関の実権を奪っていった。そのとき、北京に参集して毛沢東に激励された紅衛兵は、革命的大衆の有力な一部として、闘争に参加した。もちろん、いわゆる「実権派」の抵抗もねばり強かった。一九六七年一月、ついに「人民解放軍」は、プロレタリア文化大革命に直接介入を開始した。軍は、あるいはデモ行進に参加して無言の圧力を加え、あるいは学校にあらわれて青少年指導にあたった。こうして中国各地には、「人民解放軍」を軸とし、革命的民衆と革命的幹部を加えたいわゆる三結合を背景に、続々革命委員会が生まれていった。これと並行して、劉少奇を最終的に葬《ほおむ》る運動も進められた。それは、劉少奇個人を攻撃するというのではなく、劉少奇に代表される劉少奇的合理主義の根を絶つという形で展開された。この劉少奇打倒運動は、一九六七年四月にはじまり、一時は武漢《ウーハン》の「百万雄師」の反抗という事

毛沢東主席と林彪副主席

件をひき起こしたものの、全体としては大規模な流血事件をまき起こすこともなく進行し、六八年一〇月、劉少奇の党よりの除名をもっていちおう完了した。同じころ、チベット・新疆《シンチャン》などにも革命委員会が成立したことが伝えられ、全国的に新しい革命権力をうち立てる工作が完了した。また、この革命委員会樹立の運動の後期にあっては、紅衛兵運動にみられた無政府主義的傾向は完全に排除され、むしろ心を入れかえた旧幹部の大量復活が目だった。そして、紅衛兵にかぎらず、いつまでも破壊的革命主義を堅持する人々は、「極左派」として次々に指導的立場から追われていった。

いまや、軍は退き、党が再建されなければならない段階に達した。一九六八年以来、「整党」のスローガンが表面に押し出されるようになってきたのも、そのためである。党の再建工作は、革命委員会建設の最終段階と並行して進展した。労働者の指導権も、ふたたび力説されはじめた。六八年一〇月、中国共産党は、一二中総会を開催した。「新しい血液の吸収」が力説され、党の再建が表明された。こうして一九六九年四月、一五一二名の代表によって一一年ぶりの党大会が開かれた。いわゆる九全大会である。

九全大会は、プロレタリア文化大革命の勝利を総括し、新しい団結に向かって前進する「団結の大会、勝利の大会」であった。

九大路線

後に周恩来が明らかにしたところによると、この大会の中心であった「政治報告」は、毛沢東自身の主宰によって起草されたということである。これが、どうして林彪によって読みあげられたのかは、はっきりしない。またこの大会では新たに「中国共産党規約」が採択されたが、ここには「林彪同志は、毛沢東同志の親密な戦友であり、継承者である」という、第三者には理解しがたい語句がのっている。少なくともこの段階で、党の再建、権力機構の整備、国家主席の問題などをめぐって、中共党中央内部に激烈な闘争が存在したことは疑いのないところであろう。ここで毛沢東がことさらに「団結の大会」を強調したのも、そのような党内情況を考慮してのことだったのかも知れない。

しかしいずれにせよ、この大会が、林彪個人の運命とはかかわりなく、文化革命と建設・整頓の一定のバランスの上に立ったものであったことは疑いない。それは九全大会路線（九大路線）として、その後の一定期間の中国共産党の基本路線となった。

ここでまず「生気はつらつとした前衛組織としての党」の整頓が主題となったことは当然であろう。しかし同時に、人々の関心が「団結」と「勝利」にのみ集中することは、極力回避された。そこではプロレタリア文化大革命の精神を継承すべきことが力説された。むしろ文革精神の強調が、より大きな部分を占めていたということができるかも知れない。過渡期の臨時権力における人民解放軍の役割はなお重視され、「最終的勝利を口にしてはならない」ことが、毛沢東の言葉として強調された。また同時に、「ソ連社会帝国主義」に対する警戒心が説かれ、「政治報告」におけるソ連批判の分量は、アメリカ批判のそれを上廻った。

他方、新しい党規約においては、「毛沢東思想」が、マルクス主義、レーニン主義と並んで党の理論的基礎とされた。一九四五年の七全大会のころの「毛沢東思想」の権威が復活したわけである。

林彪批判と十全大会

いまやプロレタリア文化大革命も一段落し、九大路線も軌道に乗った。七五歳の毛沢東としては、かつてエドガー＝スノーに語ったように、そろそろ上帝にまみえる心の準備をしようとしていたのかも知れない。しかし中国革命の進展は、引き続き毛沢東の名による指導を必要としていた。

この時期、毛沢東の心を悩ました最大の事件は、林彪の反逆である。十全大会における周恩来報告によると、林彪は、「毛主席、党中央がかれにたいして教育し、阻止し、救いの手をさしのべるのを無視して、ひきつづき陰謀破壊活動をおこなった」ということである。

なぜ林彪が反逆を企てたのかということは、はっきりしない。おそらく林彪としては、一九六九年から七一年にかけて急速に進んだ集権機構の整備、党の整頓のありかた、軍の発言権の後退などにかんし、不満を抱いていたのであろう。公式には、林彪は、六九年秋から「己《おのれ》に克《か》ちて礼に復《かえ》る」という保守的な言葉を掛け軸にし、七〇年八月の中国共産党九期二中総会では「天才毛沢東」の後継者として国家主席の座をねらったということである。またこの時期、毛沢東の主導によっておこなわれた対米積極政策に批判的だったこととも考えられよう。すなわち、「ソ連社会帝国主義」の軍事的増強政策と積極的世界政策に警戒の眼を向けた毛沢東は、アメリカと、一定の距離はおきつつもなおこれを中国にとって有利な情況のなかに引きこむ政策を開始した。七〇年一二月におけるエドガー＝スノーとの会談がその第一歩で、このとき毛沢東はスノーに、ニクソン米大統領が中国を訪問する意思があるならこれを歓迎する旨つたえた。もちろん中国にとってアメリカは、いぜんとして強大な超大国の一つである。また当時ベトナムや台湾からも完全に撤兵していない。そのようなときアメリカと手を握ることは、誤解を招きやすい。また対ソ政策としても危険性が大きい。しかし毛沢東としてはアメリカの外交の後退を見越して、あえてこの高等戦術に踏みきったのであろう。この政策にかんし、林彪が、批判的立場を取ったことも推察され得る。

真偽のほどはともかく、一九七一年にはいると、林彪の政治的立場は悪化の一途を辿った。ここで三月林彪は「五七一工程」紀要という、クーデター計画書を作成し、九月八日、「偉大な指導者毛主席を謀殺し、別に中央をつくろうとするところまでつっ走った」(周恩来報告)ということである。しかし計画は結局失敗し、林彪は、九月一三日、ひそかに飛行機に乗ってソ連に身を投じようとしたとき、途中モンゴルのウンデルハンで墜死したものと信じられている。そしてこの中国機の墜落は、ソ連の『タス通信』によって、九月三〇日確認され、全世界に知れわたった。

ニクソン大統領の中国訪問が実現したのは、その翌年のことである。

この林彪に対し毛沢東がどのような印象を持っていたかは不明である。しかし少なくともかなり早い段階から、林彪の〝毛沢東天才論〟には不愉快な気持を持っていたものと考えられる。巷間つたえられる毛沢東の江青夫人にたいする林彪批判の書簡は、資料としての価値は疑問にみちているが、少なくとも〝天才論〟反対にかんするかぎり若干の真実を含んでいるように思われる。

いずれにせよ一九七三年には、林彪批判の総仕上げがおこなわれた。一九七三年八月の中国共産党十全大会と、批孔運動である。

この十全大会において政治報告をおこなった周恩来は、林彪の「陰謀破壊活動」の詳細を明らかにするとともに、「語録を手から離さず、口を開けば万歳を唱え、面と向かってはお世辞をふりまき、背後では毒手を下す」ような態度を批判し、これからも「二つの路線」の闘争は続き、林彪のような人物は何回となく現われるであろうと警告した。また周恩来は、ソ連の中国に対する不意の襲撃に備えるよう呼びかけ、毛沢東の指示として、「戦争にそなえ、自然災害にそなえ、人民のために」、「深く地下道を掘り、いたるところで食糧を貯え、覇権を求めない」というスローガンを力説した。そこでは、あくまで毛沢東党主席の権威が尊重され、文革精神の継承と集権組織の整頓とが、前者に力点をおきつつまとめあげられていた。その意味で十全大会は、基本的に九大路線を受けついだものといってよい。また、この大会では、党規約の手直しもおこなわれ、林彪を毛沢東の継承者と定めた部分も当然のことながら削除された。

他方、林彪の権威主義・権力主義は儒教的「礼治」の思想につながるものとして大々的な批判の対象となり、七三年の批孔運動は七四年にはいると批林批孔運動として総括された。「礼治」に対立する言葉はいうまでもなく「法治」である。ここで中国共産党としては、観念的理念的な集権方法を排除して、より具体的、合理的な集権方法に向かったということができよう。

近代化をめぐって

このような批林批孔運動を通して、革命的精神の高揚のもと、党・行政機構の整備と経済建設が進んだ。一九七四年から七五年にかけては、周恩来的な色彩が最も強く表面に出てきた時期である。そしてそのような動きの頂点に開催されたものが一九七五年一月の第四期全国人民代表大会第一回会議であった。

毛沢東はこの会議に出席しなかった。しかし「政府活動報告」という主題報告をおこなった周恩来は、終始「偉大な指導者毛主席」に言及し、階級闘争と継続革命の重要性を訴えた。その前提のうえで、かれは、行政機構の前進（老・壮・青年三結合による革命委員会の強化）と経済建設の進行（第四次五か年計画の達成見込み）を説明した。また、国家の統一と人民の団結の重要性を指摘した。「革命の統率のもとで生産をのばす」とか「九五パーセント以上の幹部、大衆と団結する」といったようなスローガンは、周恩来報告のなかでバランスよく生かされていた。

そして周恩来は「四つの近代化」の名によって知られる、中国国民経済の青写真を提示した。そこには次のようにのべられていた。

「毛主席の指示にしたがって、第三期全国人民代表大会の政府活動報告は、第三次五か年計画から、わが国の国民経済をつぎの二段階に分けて発展させる構想を提起した。第一段階では、一五年の時間をかけて、すなわち一九八〇年までに、独立した、比較的整った工業体系と国民経済体系をうち立てる。第二段階では、今世紀内に、農業、工業、国防、科学・技術の近代化を全面的に実現して、わが国の国民経済を世界の前列に立たせる」。

右のような構想は周恩来にしてはじめて積極的に展開しうる建設案とも考えられよう。しかし周恩来はすでに一九七四年五月から発病していた。右の報告は、まさに病身をおしての報告であった。したがってこの構想の実現の任務が七三年四月に復活したばかりの鄧小平の肩にかかってきたとき、少なからぬ偏向が生まれた。後の方海論文「洋奴哲学を批判する」(一九七六年四月)によると、鄧小平は、「生産の発展、科学技術開発の希望を外国に託すことを公然と主張」し、「一時、外国崇拝、盲信の風がまたも巻き起こった」ということである。とくに鄧小平は、一九七五年の夏前後、安定・団結と国民経済の発展とを階級闘争と並列して「三つの指示をカナメとする総綱」を作成し、事実上文革精神をないがしろにしたとつたえられている。

毛沢東の最後の「指示」

このような風潮に対して毛沢東（あるいは毛沢東の意を体した人々）は反発した。早くも七五年二月、毛沢東は、「プロレタリア独裁に関する理論の学習」の強化を指示することによって、革命の目標を再確認すべきことを強調した。そこでは、八階級の賃金制、労働に応じた分配、貨幣による交換などが存在するかぎり「林彪のたぐいが登場すれば、資本主義制度をおこなうことは極めて容易である」と指摘され、その危険性を抑制することのできるのは「プロレタリア階級独裁」のみであることが力説された。この考えかたは、続いて、張春橋や姚文元らによって展開された。

さらに一九七六年四月になってから明らかにされたところによると、毛沢東は、七五年一〇月末、「走資派」を批判する「反右派闘争」を指導し、重要指示を発したということである。当時は北京において「農業は大寨に学ぶ」全国会議が当初は大寨、後に北京に舞台を移して四〇日間も続行されており、経済発展と階級闘争の関係が論じられていた。この大会において総括報告をおこなったのが華国鋒である。かれは農業問題に対する専門家としての見識を持つとともに、明らかに階級闘争に力点をおき、毛沢東思想堅持の姿勢を示した。

このような党内論争に対して毛沢東がどのような態度をとったのかは、かならずしも明らかではない。しかし毛沢東としては、階級闘争の重要性を訴えつつも、なおじっと大衆討論の煮つまるのを待っていたのであろう。そのように推察する方が、毛沢東の思想と行動に似つかわしい。そして大衆討論が積極的方向に結論をつめていったとき、はじめて断を下し、「最高指示」を発したのであろう。毛沢東の心が鄧小平ではなく、華国鋒的な立場の人々にあったことは疑いない。

思えば毛沢東の特徴は、主観的能動性を発揮し、大衆に立脚し、あえて困難に立ち向かうところにあった。一九六五年五月の作として七六年一月一日発表された毛沢東の詞の一つ「ふたたび井岡山に上る」は、次のようにうたっている。

風雷動《とどろ》き
旌旗《せいき》奮《はため》く
これ人の寰《よ》なり
三十八年は過ぎ去りぬ
つかのまなりき
九天に上《のぼ》りて月を攬《と》るべく
五洋に下りて鼈《べつ》を捉《とら》うべし
談笑、凱歌のうちに還《かえ》らん
世に難《かた》きことなし
ただ肯《あ》えて登攀を要するのみ

38年ぶりに井岡山を訪れた毛沢東

これはいかにも革命的な気概にあふれた詩である。毛沢東の心はふたたび井岡山時代の原点に帰っていた。したがって一九七六年初頭、党および政府の指導権を握っていたのは、やはり毛沢東思想に密着していた人々であろう。かれらは実務的能力も身につけている。しかしそれ以上に革命的思想を重視する人々である。やがて一月八日には周恩来が死去し、華国鋒が首相代行に抜擢された。さらに四月五日には天安門前広場事件が起こり、七日鄧小平が解任された。同日、毛沢東提案の名によって華国鋒が党第一副主席および首相に任命された。

しかし、だれが首相となるかは、それほど重要なことではないであろう。要はだれが中国革命をやり抜くかということである。しかも晩年の毛沢東は、この「革命」についても、ある種の達観に到達していた。かれはスノーに次のように語ったということである。

「長い眼で見れば、将来の世代は、ちょうどブルジョア民主主義時代の人々が封建時代の人々よりも広い知識を持っていたように、現在のわれわれよりも広範な知識を持つはずである。われわれの判断ではなく、彼らの判断がことを決めるのだ。今日の青年たちと、そのあとに続く未来の青年たちは、彼ら自身の価値基準に基づいて、革命の成果を評価するであろう」(『革命、そして革命……』)

一九七六年六月、中国共産党中央は、毛沢東主席が今後外国賓客と会うことを中止すると発表した。そして三か月後の九月九日、永遠の継続革命を指向した毛沢東は、北京において死去した。

毛沢東年譜

西暦	年齢	年譜	背景をなす社会的事件、ならびに参考事項
一八八一年			清朝・ロシア間にイリ条約成立
九三		毛沢東生まれる（一二月二六日、湖南省湘潭県）。	
九四	一歳		日清戦争はじまる。
九八			ドイツ・ロシア・イギリス、それぞれ膠州湾・関東州・威海衛を租借
九九	六	このころより野良《のら》仕事	山東に義和団起こり、拡大
一九〇二	九	村の私塾に通う。	
〇四	一一		日露戦争はじまる。
〇五	一三		孫文、中国革命同盟会を結成
〇八	一五	形式的に結婚	
〇九	一六	湘潭県立東山高等小学校に入学	
一一	一八	湖南省長沙の駐省湘郷中学に入学	辛亥革命起こる。
一三	二〇	長沙の湖南公立第一師範に入学	

一九一四年	二一歳		第一次世界大戦はじまる。
一八	二五	新民学会設立	
一九	二六	湖南で『湘江評論』発刊	「五・四運動」起こる。
二一	二八	中国共産党創立に参加	ワシントン会議はじまる。
二四	三一	第一次国共合作により、国民党に入党	
二五	三二		孫文、死去 「五・三〇事件」起こる。
二六	三三	国民党設立の広州農民講習所所長となる。	国民革命（北伐）進展
二七	三四	「湖南農民運動視察報告」執筆。井岡山にはいる。	蒋介石の「四・一二クーデター」起こる。
三〇	三七	李立三路線のもと、長沙攻撃	蒋介石の「共産地区包囲討伐」はじまる。
三一	三八	第一回中華ソビエト大会によって中華ソビエト共和国 臨時政府（瑞金）主席	「満州事変」はじまる。
三三	四〇	「査田運動」を開始	日本軍、熱河攻撃を開始
三四	四一	蒋介石の包囲網を突破、「長征」開始	
三五	四二	遵義会議において党の指導権を握る。 抗日民族統一戦線戦術採択	ナチス-ドイツ、ザール併合 イタリア、エチオピアに開戦 コミンテルン第七回大会

三六	四三		「西安事件」起こる。
三七	四四	「実践論」、「矛盾論」講義	蘆溝橋事件起こる。
三八	四五	「持久戦論」発表	国民政府、重慶移転発表 ミュンヘン会談
三九	四六	毛沢東、中国革命の独自性に言及（「中国革命と中国共産党」）	独ソ不可侵条約締結 第二次ヨーロッパ大戦はじまる。
四〇	四七	「新民主主義論」を発表	
四一	四八	延安において「整風運動」開始	独ソ開戦 太平洋戦争はじまる。
四二	四九		
四三	五〇		コミンテルン解散
四五	五二	中国共産党七全大会において「毛沢東思想」を提起 「抗日戦争勝利後の時局とわれわれの方針」を演説。国共会談のため重慶へとぶ。	第二次世界大戦終了
四六	五三	アンナ＝ルイス＝ストロング女史に「ハリコの虎」論を語る。	極東国際軍事裁判
四七	五四	国共内戦、全面的に展開。毛沢東は延安を出て各地に	「トルーマン＝ドクトリン」声明

一九四九年	五六歳	転戦 中共七期二中全会で重要報告。中華人民共和国成立とともに国家主席に就任。モスクワ訪問、スターリンと会談	アメリカ国務省、「中国白書」を発表
五〇	五七	中ソ友好同盟条約締結	「朝鮮動乱」はじまる。
五一	五八	『毛澤東選集』発刊	中国人民義勇軍、朝鮮出動 サンフランシスコ対日講和会議 「三反・五反運動」はじまる。
五三	六〇		スターリン死去
五四	六一		全国人民代表大会第一回会議、憲法採択
五五	六二	農業協同化について積極的指示	
五六	六三		ソ連共産党第二〇回大会 中国共産党八全大会 ハンガリー事件起こる。
五七	六四	拡大最高国務会議において、「人民内部の矛盾の正しい処理の問題について」演説 モスクワを訪問、共産圏諸国党代表者会議に出席	「百家争鳴、百花斉放」運動

五八	六四	北京でフルシチョフと会談	「大躍進運動」はじまる。 「金門島砲撃」実施
五九	六五	国家主席を劉少奇にゆずる。故郷訪問	彭徳懐ら解任
六〇	六六		ソ連、中国派遣の技師一〇〇〇名余りをひきあげる。
六二	六八	中国共産党第八期十中全会において積極的「指示」	中ソ国境紛争はじまり、新疆のウイグル族多数ソ連領へ 中印国境紛争拡大 「キューバ危機」起こる。
六三	六九	アメリカ・黒人問題・南ベトナム問題などに関して、党主席として声明発表	モスクワで中ソ両党会談
六四	七〇	『毛沢東著作選読』(甲種本・乙種本の二種)発行	中国・フランス、国交樹立 中国、最初の核爆発実験成功 フルシチョフ退陣
六六	七二	プロレタリア文化大革命発動	ベトナム戦争、拡大
六九	七五	中国共産党九全大会において林彪を後継者に指名	
七〇	七七	エドガー＝スノーと会見、ニクソン米大統領の中国訪問歓迎の意をつたえる。	
一九七一	七八	林彪、毛沢東暗殺計画に失敗。脱出の途中モンゴルで	中華人民共和国、国際連合に参加

		墜死	
七二	七九	ニクソン大統領、中国訪問。上海コミュニケ発表 田中首相、中国訪問。日中の国交正常化	
七三	八〇	中国共産党十全大会、毛沢東党主席を再選	中国共産党規約、改正
七四	八一		批林批孔運動はじまる。
七五	八二	第四期全国人民代表大会第一回会議に出席せず。 「プロレタリア独裁の理論学習」を指示	新しい憲法採択、国家主席廃止 ベトナム戦争おわる。
七六		毛沢東の二首の詞発表 周恩来死去。毛沢東、臨終の床に立ちあう。 プットーパキスタン首相と会見 党中央の決定により外国賓客との接見中止 九月九日午前零時一〇分、病気のため、北京において死去。享年八二歳	天安門前広場事件 鄧小平解任 華国鋒、毛沢東提案により党第一副主席、首相に任命 朱徳死去

（備考）年齢は一二月二六日になったときの満年齢を示す

参考文献

『毛沢東選集』 全四巻(日本語版)
中共中央毛沢東選集出版委員会編
外文出版社 昭43
『毛沢東選集』 全四巻 人民出版社 昭26〜35
『毛沢東論文選』 中共中央毛沢東選集出版委員会訳
毛沢東著作選読編輯委員会 外文出版社 昭42
『毛沢東著作選読』 甲種本 中国青年出版社 昭39
『中国の赤い星』 エドガー=スノー著
宇佐見誠次郎訳 筑摩書房 昭27
『毛沢東――その青年時代』 李 鋭著
玉川信明・松井博光訳 至誠堂 昭41
『毛沢東の体育の研究』 毛沢東著 山村治郎訳
ベースボール=マガジン社 昭39
『毛沢東と私は乞食だった――秘められたその青春――』
蕭 瑜著 高橋 正訳 弘文堂 昭37
『長征の頃の毛主席』 陳 昌奉著 外文出版社 昭34
『毛 沢 東』 ロバート=ペイン著
宇野輝雄訳 角川書店 昭42
『毛沢東の思想とその発展』
岩村三千夫著 青木書店 昭26
『毛沢東伝』 貝塚茂樹著 岩波書店 昭31
『毛沢東――その詩と人生』
武田泰淳・竹内 実著 文芸春秋新社 昭40
『毛沢東研究序説』 今堀誠二著 勁草書房 昭41
『毛沢東の哲学』 新島淳良著 勁草書房 昭41
『毛 沢 東』 スチュアート=シュラム著
石川忠雄・平松 茂訳 紀伊国屋書店 昭42
『毛 沢 東』 小野信爾著 人物往来社 昭42
『毛沢東――毛と中国革命――』
ジェローム=チェン著

徳田教之訳　筑摩書房　昭44
『革命、そして革命…』　エドガー＝スノー著
松岡洋子訳　朝日新聞社　昭47
Mao Tse-tung in Opposition 1927–35 John E.Rue
Stanford University Press 1966
The Communism of Mao Tse-tung
Arthur A.Cohen
University Chicago Press 1964

◇資料提供◇

本書中の写真の一部を『中国画報』・『人民中国』から引用させていただきました。

さくいん

—完—

E

毛沢東《もうたくとう》■人と思想33　　定価はカバーに表示

1970年6月25日　第1刷発行©
2016年8月25日　新装版第1刷発行©

・著　者 ……………………………… 宇野《うの》　重昭《しげあき》
・発行者 ……………………………… 渡部　哲治
・印刷所 …………………………… 広研印刷株式会社
・発行所 ………………………… 株式会社　清水書院

〒102-0072　東京都千代田区飯田橋3-11-6
Tel・03(5213)7151～7
振替口座・00130-3-5283
http://www.shimizushoin.co.jp

検印省略
落丁本・乱丁本はおとりかえします。

CenturyBooks　　Printed in Japan
ISBN978-4-389-42033-8

CenturyBooks

清水書院の〝センチュリーブックス〟発刊のことば

近年の科学技術の発達は、まことに目覚ましいものがあります。月世界への旅行も、近い将来のこととして、夢ではなくなりました。しかし、一方、人間性は疎外され、文化も、商品化されようとしていることも、否定できません。

いま、人間性の回復をはかり、先人の遺した偉大な文化を継承して、高貴な精神の城を守り、明日への創造に資することは、今世紀に生きる私たちの、重大な責務であると信じます。

私たちがここに、「センチュリーブックス」を刊行いたしますのは、人間形成期にある学生・生徒の諸君、職場にある若い世代に精神の糧を提供し、この責任の一端を果たしたいためであります。

ここに読者諸氏の豊かな人間性を讃えつつご愛読を願います。

一九六六年

清水檀

SHIMIZU SHOIN